Educar para a Morte

Educar para a Morte

Uma abordagem a partir de Elizabeth Kübler-Ross

João Carlos Gama Martins Macedo

2011

Prefácio de Laura Ferreira do Santos

EDUCAR PARA A MORTE
Uma abordagem a partir de Elizabeth Kübler-Ross
AUTOR
João Carlos Gama Martins Macedo
EDITOR
EDIÇÕES ALMEDINA, S.A.
Rua Fernandes Tomás nºs 76, 78, 80
3000-167 Coimbra
Tel.: 239 851 904 · Fax: 239 851 901
www.almedina.net · editora@almedina.net
DESIGN DE CAPA
FBA.
PRÉ-IMPRESSÃO
AASA
IMPRESSÃO E ACABAMENTO
PAPELMUNDE, SMG, LDA.

Junho, 2011

DEPÓSITO LEGAL
329731/11

Apesar do cuidado e rigor colocados na elaboração da presente obra, devem os diplomas legais dela constantes ser sempre objecto de confirmação com as publicações oficiais.
Toda a reprodução desta obra, por fotocópia ou outro qualquer processo, sem prévia autorização escrita do Editor, é ilícita e passível de procedimento judicial contra o infractor.

 GRUPOALMEDINA

BIBLIOTECA NACIONAL DE PORTUGAL – CATALOGAÇÃO NA PUBLICAÇÃO
MACEDO, João Carlos Gama Martins de
Educar para a morte : uma abordagem a partir de Elizabeth-Kübler-Ross
ISBN 978-972-40-4524-5
CDU 159
    616
    316

À Fátima e ao João,
os meus pilares na Terra

PREFÁCIO

Em princípio, qualquer estudo que, em relação aos últimos cinquenta anos, pretenda apresentar os marcos fundamentais da reflexão sobre a morte no Ocidente, falará da obra e do trabalho da médica suíça, naturalizada americana, Elizabeth Kübler-Ross (1926-2004). De facto, são vários os estudos desta ordem que assinalam o primeiro livro escrito por esta autora – *On Death and Dying*, de 1969, apenas traduzido em Portugal em 2008 – como um livro fundamental na tentativa de quebrar a conspiração de silêncio que se fora estabelecendo em torno da morte e do morrer. A própria Kübler-Ross, enquanto criança, pôde ainda viver com naturalidade o fenómeno do processo da morte e do morrer, como é sublinhado por João Carlos Macedo. Mas essa foi uma experiência que logo depois deixou de ocorrer, afastando-se a morte e o morrer dos olhos das crianças e jovens, como se esse fosse um fenómeno que os pudesse traumatizar para todo o sempre, quebrando de modo irreversível a ilusão de imortalidade em que os adultos pareciam também eles próprios querer continuar a viver. Aliás, tudo indica que os grandes avanços que a medicina realizou nas décadas de cinquenta e de sessenta do século XX terão contribuído grandemente para a ostracização da morte, considerada uma derrota pesada para o espírito ingenuamente prometeico da nova medicina. Finalmente, a própria morte, fruto de evoluções várias, passou a ocorrer acima de tudo nos hospitais, num ambiente altamente higiénico, mas emocionalmente frio e solitário, como já assim o caracterizara Norbert Elias há quase trinta anos, na obra traduzida em francês com o título de *La solitude des mourants*, obra ainda hoje estranhamente actual (e também não traduzida em Portugal).

Foi contra toda esta conspiração de silêncio que Elizabeth Kübler-Ross, autora pouco conhecida em Portugal, quis lutar, num percurso de vida pessoal e de trabalho que João Carlos Macedo bem evidencia neste ensaio. Aliás, cumpre salientar que este é o primeiro ensaio no nosso país a ser-lhe inteiramente dedicado. Depois de, durante os últimos anos, se ter mantido dentro das obras mais consultadas do chamado *Repositorium* da Universidade do Minho, não só por pessoas de Portugal como também do estrangeiro, era tempo que o público português pudesse ter acesso, sob forma de livro, a uma versão actualizada do trabalho que aí se encontrava disponibilizado informaticamente, o que agora acontece por intermédio da Almedina.

Ao longo deste ensaio, João Carlos Macedo mostra-nos de forma clara e pormenorizada como Elizabeth Kübler-Ross se foi preocupando com as necessidades emocionais das pessoas que estão para morrer, fossem elas adultas ou crianças, o que, obviamente, a levou também a ocupar-se das necessidades emocionais dos seus familiares e pessoas amigas, obrigando-a assim a entrar pelas questões do luto. A mesma preocupação, a partir da década de oitenta do século passado, levou-a a interessar-se por pessoas atingidas pela SIDA, em especial por aquelas que viviam nas prisões e pelos bebés, numa época em que a medicina pouco sabia ainda da doença e pouco conseguia fazer perante esta nova calamidade.

É provável que nem sempre concordaremos com as ideias de Elizabeth Kübler-Ross. Por exemplo, quem defende a legitimidade da morte assistida (eutanásia e/ou suicídio medicamente assistido) achará decerto desajustada a sua convicção de que tal prática impedirá a pessoa de aprender a sua "última lição", como por exemplo a humildade para aceitar a dependência dos outros, e perguntar-se-á como justificar a obrigatoriedade de aprender uma "lição" que lhe pode provocar um sofrimento insuportável. Noutros casos de discordância, como no que diz respeito ao eventual facto de os doentes terminais – ou as pessoas em processo de luto ou forte perda – terem de seguir forçosamente e de forma linear um determinado itinerário de "etapas" – negação, raiva, negociação, depressão e aceitação –, João Carlos Macedo encarrega-se de nos mostrar que tal suposta discordância se origina afinal num mau entendimento do que Kübler-Ross pretendia dizer. O que não significa, sublinha, que essa má interpretação, não tivesse originado um grande sofrimento aos doentes terminais ou às pessoas em luto, quando os profissionais de saúde se prendiam à linearidade de um esquema aplicado de forma rígida e não problematizadora, olhando de forma pouco empática as pessoas que não transitavam de etapa para etapa de uma forma supostamente "saudável" e "lógica".

Seja como for, penso que as discordâncias pontuais que possam existir em relação a Kübler-Ross não nos devem fazer esquecer o campo amplo de sintonia com ela que é partilhado por todos aqueles que se preocupam com as necessidades emocionais de quem vai morrer ou de quem está num forte processo de perda. Como nos mostra João Carlos Macedo, desde cedo, melhor, mesmo antes de ser médica, quando trabalhava simplesmente num laboratório de análises, Kübler-Ross apreendeu o significado extremamente positivo que tem para uma pessoa em sofrimento um gesto de ternura ou de grande atenção. Mais tarde, quando a prática profissional da medicina lhe possibilitou entrar em contacto com doentes terminais, teve a capacidade de perceber quanto a comunicação franca com aqueles que vão morrer – adultos ou crianças -, liberta de mentiras e voltada para uma escuta compassiva, dava às pessoas uma sensação de não-abandono que as ajudava a despedirem-se melhor desta vida, e, consequentemente, a terem uma morte mais pacificada. Recorrendo a palavras do dominicano (já falecido) García Estébanez, penso que Kübler-Ross percebeu bem quanto a compaixão informada é um meio de conhecimento, ajudando-nos um pouco a pormo-nos na pele dos outros e a compreendermos melhor os seus dramas[1]. A meu ver, é esta atitude compassiva e franca de Kübler-Ross que continua a fazer a actualidade das suas obras, interpelando-nos ao ponto de sentirmos vergonha pelo modo como as sociedades ocidentais de que fazemos parte continuam a tratar os que envelhecem e morrem, agravando de diversos modos a sua vulnerabilidade. Como se de facto não tivéssemos meios de desmentir Tony Judt, quando escreve que "a procura da satisfação material [...] constitui agora o que resta do nosso sentido de finalidade colectiva"[2].

Tentar educar sobre a morte, numa filosofia da educação que abandonasse o paradigma subliminar da infinitude em favor de uma noção realista da finitude humana que integrasse em si o morrer, a morte e as diversas perdas significativas que vão ocorrendo nas nossas vidas, foi também um dos objectivos da vida e obra de Kübler-Ross. Pois de que outro modo poderíamos nós lutar mais eficazmente contra as forças que tudo querem ocultar da morte, numa ilusão de infinitude ou imortalidade que tudo distorce? Curio-

---

[1] Emilio García Estébanez (2006). La eutanasia activa y la muerte digna. *Estudios Filosóficos*, vol. LV, nº 159, 339-380.
[2] Tony Judt (2010). *Um tratado sobre os nossos actuais descontentamentos*, trad. de Marcelo Félix, Lisboa: Edições 70, p. 17.

samente, enquanto deixamos por vezes as nossas crianças brincar com jogos violentos de computador, impedimo-las de visitarem uma pessoa que vai morrer ou de irem ao cemitério, como se esses actos estivessem inevitavelmente condenados a assustá-las. No entanto, uma filosofia da educação – também no seu sentido académico-curricular – que integrasse em si uma educação sobre a morte (aí se incluindo também uma discussão ética quanto a decisões de fim-de-vida), poderia despertar sentimentos e atitudes que lutassem contra a situação que Tony Judt nos descreve, fomentando valores éticos "como *a amizade, a paciência, a solidariedade, a compaixão*, etc"[3] (itálico das autoras). Se a pedagogia da infinitude continua a trazer tantos problemas às nossas comunidades, porque não começarmos a experimentar antes uma pedagogia da finitude?

Finalmente, e porque conheço o João Carlos Macedo há muitos anos, queria deixar aqui assinalado que as preocupações de que nos fala neste livro são também preocupações pessoais profundas. Há livros que nos levam a pensar que o autor se interessa de modo muito particular pelas temáticas de que fala, mas acabamos depois por verificar com decepção que esse não é o caso. Felizmente, não é disso que se trata aqui. Antes de se tornar docente da Escola Superior de Enfermagem da Universidade do Minho, João Macedo, como diz, trabalhou durante sete anos num hospital. Viu morrer, teve de comunicar más notícias sem um espaço adequado para isso, em longas noites de serviço foi obrigada por vezes a tomar sozinho decisões de vida e de morte, experimentou o ambiente de mentira ou indiferença em relação ao doente que vai morrer, bem viu como um gesto de ternura e atenção pode fazer uma grande diferença em relação a alguém que está em estado de sofrimento, com ou sem dor física. Viu o que muitos outros colegas seus viram, mas teve a capacidade de se deixar interrogar profundamente pelo que viu. Depois de sair do hospital, e já como docente, continuou a sua reflexão. Quando o ouvimos falar da necessidade de manter uma relação de verdade com o doente ou da necessidade de haver (uma boa) comunicação entre a equipa de cuidados de saúde (e dentro dela), o doente e a família, João Carlos Macedo não está só a falar de uma metodologia, está a falar de uma convicção arraigada e de uma paixão. Que nunca nos venham a faltar professores ou

---

[3] Concepció Poch & Olga Herrero (2003). *La muerte y el duelo en el contexto educativo. Reflexiones, testimonios y actividades*. Barcelona/Buenos Aires/México: Paidós, p. 127.

professoras assim, quer nas escolas de medicina quer nas escolas de enfermagem. Um dia, quase todos nós iremos precisar dos cuidados dos seus alunos e das suas alunas, e é bom que possamos então verificar que a marca do professor ou da professora ficou bem impregnada neles e nelas.

LAURA FERREIRA DOS SANTOS[*]

[*] Professora Associada do Instituto de Educação da Universidade do Minho e Membro da Comissão de Ética para a Saúde da ARSN (Administração Regional de Saúde do Norte).

AGRADECIMENTOS

Na realização de um trabalho desta índole, há sempre algumas pessoas que contribuem directa ou indirectamente para a sua concretização. Por isso, quero deixar algumas palavras de agradecimento sincero, ainda que muito pequeno em comparação com a grandeza do contributo que recebi, a algumas pessoas, muitas das quais já não se encontram entre nós.

À Laura, que mais do que orientadora, se tornou uma amiga. Obrigado pela paciência, pela lição de perseverança e pelo acolhimento que recebi mesmo em certos momentos mais cinzentos da sua vida. A ela devo a crítica persistente e o enriquecimento deste trabalho.

À Fátima, pelo companheirismo sempre presente, em que se inclui a paciência revelada em adiar para mais tarde alguns projectos da nossa história em comum.

Ao João, que constitui o meu maior estímulo para desbravar este "terreno íngreme".

Aos meus pais, pelo apoio incondicional que demonstraram desde o início e por serem sempre um porto seguro ao longo do tempo.

À Carmen, que apesar de fisicamente estar longe, esteve sempre presente através do incentivo e do exemplo de perseverança que tem dado da sua vida.

Por último, a todos aqueles e aquelas de quem cuidei, ou ajudei a cuidar, nos últimos momentos da vida, especialmente aos meus avós maternos e à minha sogra, que foram fonte de ensinamentos e inspiração.

Os direitos de autor desta obra revertem a favor da ACREDITAR
(Associação de Pais e Amigos de Crianças com Cancro)

INTRODUÇÃO

Escrever sobre a morte e o morrer é, sem dúvida, um desafio pessoal e social, porque, por um lado, abala os alicerces da "certeza" na imortalidade, e, por outro, torna-nos mais humanos, vivendo cada dia mais intensamente e apreciando os pequenos pormenores agradáveis da vida.

Não obstante já se falar mais sobre a morte nos dias de hoje, pode-se dizer que ela constitui ainda uma temática tabu. Segundo Barros de Oliveira, "[...] caíram todos os tabus, como o do sexo, mas a morte é hoje, mais do que nunca, proibida de se mostrar, quase que uma coisa obscena ou pornográfica [...]" (Barros de Oliveira, 1998: 16).

Esta negação da morte encontra-se inerente à própria actuação da sociedade actual, pois "[...] tecnicamente admite-se que podemos morrer e tomar providências em vida para preservar os nossos da miséria. Verdadeiramente, porém, no fundo de nós mesmos, não nos sentimos mortais" (Ariès, 1989: 66). Por outro lado, negar a morte é uma forma de evitar o contacto com o sofrimento e, simultaneamente, permite-nos viver o sonho da imortalidade (cf. Kovács, 2008: 23).

O próprio "sítio" ou "local" onde se morre hoje habitualmente, tão diferente dos tempos de outrora, contribui para este sentimento de não familiaridade com a morte. A morte como acontecimento da vida passou do domínio familiar para o domínio dos profissionais de saúde. Gerações houve em que a pessoa morria em casa, despedia-se da família, resolvia os últimos compromissos em vida e todos assistiam a este acontecimento num ambiente profundamente natural. Actualmente, "A solidariedade que antigamente se manifestava em torno dos moribundos foi substituída por uma solidão, por uma atitude de 'cada um por si', que não nos encoraja a confiarmos nos outros" (Hennezel, 2005: 52).

Desde a década de 60 do século passado, os progressos na área da reanimação e do intensivismo médico conduziram à hospitalização da morte. Em certos países, estas transformações foram tão evidentes que, hoje, dois terços dos britânicos morrem nos hospitais e 80% das mortes nos Estados Unidos da América ocorrem em variadas instituições de saúde (cf. Nuland, 1998: 342). Esta é uma tendência que se verifica também em Portugal, onde aproximadamente 80% dos óbitos ocorrem em unidades hospitalares (cf. Serrão, 1998: 86).

Esta transformação social quanto ao local da morte conduziu a um progressivo esquecimento da mesma no contexto comunitário e, inclusive, à sua negação:

> [...] o materialismo e hedonismo reinantes não suportam que o pensamento da morte venha perturbar um crescendo do consumismo de bens e de prazeres, a morte é vista como um facto unicamente biológico e não como uma realidade profundamente humana (Barros de Oliveira, 1998: 17).

Há quem caracterize a morte nos nossos dias como solitária, escondida e, acima de tudo, destituída de sentido (cf. Hennezel, 2006: 20). Esta morte "escamoteada" (termo utilizado por Ivan Illich, 1977: 163) e hospitalizada tem repercussões na saúde da pessoa que está no fim de vida, dos familiares e, também, dos próprios profissionais de saúde que diariamente lidam com doentes em fase terminal. Segundo a psicóloga Shelley Taylor, referindo-se a vários autores que efectuaram estudos de campo, a experiência do sofrimento e perda pode ser adversa ao bom funcionamento do sistema imunológico, acentuando o risco de doença e, eventualmente, apressando a morte. Como exemplos de problemas presentes em pessoas que perderam alguém que lhes era querido assinala o aumento do consumo do álcool, de drogas, o aparecimento de quadros depressivos e a incapacidade para o trabalho (cf. Taylor, 1995: 490). Aliás, os próprios profissionais de saúde podem ser acometidos de vários sintomas de *stress* se estiverem permanentemente a cuidar de pessoas em fase terminal (cf. Taylor, 1995: 474; Watson *et al*, 2009: 965-968).

Todos estes factos conduzem-nos a reflectir sobre o binómio morte-saúde e o actual desenraizamento da morte na vida comunitária. Por um lado, morre-se no hospital, sozinho, rodeado de batas brancas, e, muitas vezes, a pessoa que está a morrer não consegue encarar e introduzir a morte nos seus horizontes pois nunca teve oportunidade de discutir este assunto durante a vida; por outro lado, os familiares e amigos, também pela não inclusão da morte como parte integradora da vida, podem desenvolver processos de luto prolongados e suscitadores de doença.

Durante cerca de sete anos, a minha actividade profissional como enfermeiro numa unidade hospitalar propiciou um contacto muito íntimo com a morte de várias pessoas. A seguir, já durante o percurso de docência na Escola Superior de Enfermagem da Universidade do Minho (desde 1999), tenho tido oportunidade de contactar com as dificuldades de futuros/as enfermeiros/as em lidarem com a morte do outro. Simultaneamente, surgiu em mim uma certa inquietação ao procurar entender mais profundamente as reacções da pessoa no fim de vida, as reacções dos familiares e amigos perante essa morte iminente, as reacções dos profissionais de saúde, e, também, ao procurar entender o "estado da arte" em matéria de cuidados de saúde no fim de vida. Do que me foi dado a perceber neste meu percurso, ainda se "morre mal" em Portugal. Apesar de terem sido dados alguns passos no que concerne aos cuidados paliativos, continuamos a assistir à morte "hospitalizada" e fria, sem um controlo eficaz da dor e sem um atendimento cabal dos aspectos psicológicos e espirituais da pessoa no fim de vida. Com as devidas excepções, a lógica presente na maioria das unidades de saúde é mais virada para o tratar, sem terem conseguido (re)centrar o seu alvo de atenção no cuidar a pessoa e a sua família até ao fim. Por outro lado, a visão "economicista" do sector da saúde que hoje predomina, conduz a um pensamento que pode chocar os mais sensíveis mas que é uma realidade palpável: cuidar a pessoa e família até ao fim não é seguramente rentável e, como tal, este tipo de cuidados são um "parente paupérrimo" do sistema de saúde.

Ao desbravar o terreno sobre a morte e o morrer descobri uma personalidade que tem uma vasta obra, incluindo no seu currículo académico mais de uma dezena de doutoramentos *honoris causa* por várias universidades. Refiro-me a Elisabeth Kübler-Ross, médica psiquiatra de origem suíça, naturalizada americana, que cedo se interessou pelo trabalho junto dos que se encontram no fim de vida, iniciando as suas investigações nos finais dos anos sessenta do século passado. Desde essa altura, para além do acompanhamento de várias centenas de pessoas no fim de vida, produziu mais de uma dezena de obras dedicadas à reflexão sobre a morte e o acompanhamento no fim de vida. A sua perspectiva conduz-nos à necessidade de integrarmos a morte na vida, deixando clara a ideia de que os que estão a morrer são os nossos melhores mestres sobre o significado da morte e da vida. Por outro lado, a morte é considerada, não como um fracasso do foro médico, mas como um processo natural e previsível. Através da ilustração de alguns casos referidos por Kübler-Ross, o leitor poderá estabelecer um paralelismo com realidade portuguesa actual, apesar de as situações terem ocorrido maioritariamente nos anos 60 e 70 do século XX.

Além de nos alertar para a necessidade de uma maior consciencialização em relação à própria morte, Kübler-Ross pensa que o facto de acompanharmos os moribundos modificará decerto a nossa percepção da mortalidade.

Apesar de difícil, todo o acompanhamento e humanização dos cuidados ao doente em fase terminal pode ser considerado a pedra basilar para que a morte adquira um outro estatuto na nossa sociedade, deixando de surgir como um factor gerador de doença naqueles que acompanham o seu desenrolar para surgir de facto como algo natural, implicando a ajuda de toda uma comunidade para podermos alcançar experiências de vida e de morte mais satisfatórias.

Embora possuindo uma obra muito rica no domínio da reflexão sobre a morte, Kübler-Ross é uma autora pouco conhecida em Portugal. Julgo que a riqueza da sua obra merece um estudo pormenorizado, de modo a sensibilizar as pessoas para a importância da reflexão sobre a morte e para a necessidade de integrar na vida comunitária esses que, mais tarde ou mais cedo, serão os "últimos momentos" de cada um de nós. Conduzido pelo pensamento da autora verifiquei que esta inclusão da morte no discurso social deverá passar por uma educação para a morte, de modo a ser encarada com mais "naturalidade" e como um facto inelutável da vida. É aliás de salientar que, nos Estados Unidos da América na década de 70 do século passado, surgiu a ideia de integrar a temática da morte nos *curricula* escolares desde o nível pré-escolar (cf. Clark, 2004: 193). É num sentido semelhante que se pronuncia Javier Gafo, ao dizer que:

> Seria necessária uma EDUCAÇÃO TANATOLÓGICA, que deveria começar na própria escola e na própria família e estar especialmente dirigida àqueles cuja profissão os coloca mais em contacto com a realidade da morte (Gafo, 2003: 264; destacado do autor).

O ensaio que agora é apresentado, resulta maioritariamente da dissertação de mestrado em educação para a saúde apresentada na Universidade do Minho. Procedi a algumas alterações de modo a tornar a obra mais acessível e agradável à leitura, mas também de modo a actualizá-la. Como se verá, o livro encontra-se organizado em três capítulos, nos quais tento expor as grandes linhas de pensamento de Kübler-Ross.

O primeiro capítulo – "Itinerário bio-bibliográfico de Elisabeth Kübler--Ross" – efectua uma abordagem ao percurso de vida da autora, bem como à sua obra académica. Pareceu-me que, sendo Kübler-Ross uma personalidade pouco conhecida em Portugal, justificava-se uma contextualização do seu percurso de vida e de investigação. Por outro lado, há episódios da sua biografia que são relevantes e que justificam algumas das ideias que são apresentadas nos capítulos seguintes.

No capítulo 2 – "Problemáticas do fim de vida" – irei percorrer todo o manancial de ideias acerca da morte e do morrer que se podem captar na obra de Kübler-Ross. Desde os seminários *On Death and Dying*, no início da actividade tanatológica da autora, até ao trabalho que desenvolveu junto dos doentes em fase terminal com SIDA, passando pelas suas reflexões em torno do modo como as crianças encaram e vivenciam a morte, tento estabelecer uma análise da obra de Kübler-Ross que evidencie os diversos matizes do seu pensamento.

Por último, no capítulo 3 – "As críticas ao trabalho de Kübler-Ross" –, abarco um conjunto de críticas de variados autores que, ao longo dos anos, foram dirigidas ao trabalho desenvolvido por Kübler-Ross.

É oportuno, neste momento, efectuar uma chamada de atenção para um aspecto particular do percurso intelectual de Elisabeth Kübler-Ross que tem implicações neste ensaio. No pensamento da autora, pode-se, a partir de certa altura (década de setenta), efectuar uma dicotomia de interesses entre, por um lado, a morte e os doentes em fase terminal, e, por outro, a vida para além da morte. Ora, neste livro, o que procurei foi efectuar um olhar crítico sobre a temática da morte e dos doentes em fase terminal, tendo posto de lado as reflexões da autora que abordam as questões da vida para além da morte, integradas por alguns numa espécie de componente "mística" do seu pensar, que muito a diminui aos olhos da maior parte da comunidade científica. A vida e obra de Kübler-Ross é, necessariamente, um contínuo. No entanto, pretendi apenas abordar as questões que, de um modo mais "objectivo", poderiam ser ligadas à morte e ao morrer, deixando de lado essa faceta mais "mística" pela qual a autora começou a nutrir um interesse particular a partir da década de setenta, como já assinalei. Não pretendendo escamotear esta faceta, cujo conteúdo acabarei por referir de um modo rápido, o facto é que o horizonte deste ensaio pretende visualizar acima de tudo o pensamento e o contributo da autora no que concerne à educação para a morte, e não as questões que possam ser mais do âmbito da crença pessoal.

Para a elaboração do presente trabalho recorri predominantemente aos textos da autora. Contudo, como se pode verificar facilmente, no desenvolvimento do texto socorro-me de outros autores que, de algum modo, acabam por evidenciar, de forma directa ou indirecta a actualidade das ideias de Kübler-Ross[4]. Julgo que esta opção não diminui a riqueza da obra de Kübler-Ross mas, antes pelo contrário, enriquece e destaca as suas ideias.

Quero deixar explícito que a publicação deste livro pretende ser um contributo para a discussão na sociedade portuguesa do tema da morte e do morrer e acima de tudo, como profissional e cidadão comprometido com o sector da saúde, pretendo que a história de vida da autora, os casos relatados e as críticas que faço na obra, sejam um mote para uma maior humanização dos cuidados em fim de vida em Portugal. Paralelamente, julgo que o maior contributo será na área da educação para a morte, através das múltiplas ideias e/ou propostas que serão apresentadas no livro.

Por último, quero apenas referir que, embora favorável à utilização de uma linguagem inclusiva, o meu pouco hábito de redigir desse modo levou-me a maior parte das vezes a ficar por uma linguagem que se poderá considerar de tendência androcêntrica. No entanto, quando utilizo o termo "moribundo" ou quando me refiro ao "doente em fase terminal", estou obviamente a pretender incluir homens e mulheres nessas designações.

---

[4] Todas as traduções existentes no livro são da minha responsabilidade.

Capítulo 1
Itinerário Bio-Bibliográfico de Elisabeth Kübler-Ross

Este capítulo surgiu da necessidade de familiarizar o/a leitor/a com a vida e a obra de Elisabeth Kübler-Ross, visando deste modo cumprir dois objectivos. Por um lado, contribuir para o conhecimento do percurso de vida de uma autora pouco divulgada em Portugal; por outro, fazer com que o/a leitor/a acabe por apreender com maior facilidade as ideias por ela desenvolvidas. Basicamente, para a elaboração deste percurso foram utilizadas duas obras (não esquecendo outras fontes secundárias encontradas na *internet*, que constituíram uma mais-valia apreciável): a biografia de Derek Gill, intitulada *Quest: The Life of Elisabeth Kübler-Ross*, publicada em 1980, e a autobiografia da autora, intitulada *The Wheel of Life*, publicada em 1997.

Elisabeth Kübler-Ross (o apelido Ross foi adquirido a partir do casamento, em 1958, com Emmanuel Ross) nasceu a 8 de Julho de 1926 em Zurique (Suíça), numa família da classe média. O seu pai, Ernest Kübler, era director adjunto de uma empresa de provisões, e a mãe, Emma Kübler, era dona de casa. Os pais tiveram um primeiro filho, Ernest, e depois foram surpreendidos por uma gravidez trigemelar da qual resultou o nascimento de três filhas: Eva, Erika e Elisabeth.

O nascimento das trigémeas foi um acontecimento em Zurique, chegando a ser noticiado nos jornais (cf. Gill, 1980: 2).

Os primeiros quatro anos de vida de Elisabeth foram passados num apartamento de Zurique, onde viviam os pais, o irmão e as irmãs. Em seguida, toda a família se muda para uma casa de campo em Meilin, povoação nos arredores de Zurique, em busca de mais espaço e mais tranquilidade.

Com a idade de 5 anos, Elisabeth ficou doente com uma pneumonia, tendo ficado internada no hospital pediátrico de Zurique. Detestou o ambiente hospitalar, pela frieza com que cuidavam das crianças, pela ambiente inóspito e também porque a visita dos pais não possibilitava uma comunicação oral e contacto humano directos, pois havia entre visitantes e visitada a interposição de um vidro. Este acto de isolamento foi o que mais afectou Elisabeth, porque não entendia a razão desta separação física: "Ninguém lhe explicou porque é que os pais não se podiam aproximar, porque é que ela não podia agarrar e abraçar aqueles que amava" (Gill, 1980: 13). Embora não tendo obtido pormenores nos livros consultados sobre esta forma de estabelecer as visitas, penso que ela visaria uma acção preventiva em caso de doenças infecto-contagiosas, objectivo que poderia e deveria ter sido transmitido à pequena Elisabeth numa linguagem acessível.

É deste modo que Gill retrata a hospitalização "sofrida" por Elisabeth:

> No hospital ela era pesada e etiquetada como se de uma embalagem dos correios se tratasse, todos à sua volta eram estranhos com batas brancas engomadas, estranhos que a picavam e passavam instrumentos frios pela sua pele quente. Ninguém falava com ela. Ninguém a questionava. Não entendeu porque disseram à sua mãe para abandonar o quarto (Gill, 1980: 12).

Kübler-Ross relata a mesma situação, apontando alguns aspectos que considerou desumanos:

> Essa foi a minha apresentação à medicina hospitalar e, infelizmente, tornou-se memorável por ser desagradável. A sala de consultas estava fria. Ninguém me dirigiu uma palavra. Nem "Olá". Nem "Estás bem?". Nada. Um médico arrancou-me os confortáveis cobertores do corpo a tremer e depressa me despiu. Pediu à minha mãe que saísse da sala. [...] fui pesada, palpada, auscultada, disseram-me que tossisse e fui tratada como uma coisa em vez de uma menina [...]. Achava que tinha a culpa de os meus pais não se aproximarem de mim para lá do outro lado da janela. Olhavam para mim de lá de fora, enquanto eu necessitava desesperadamente de um abraço. Queria ouvir a suas vozes. Queria sentir a pele quente dos meus pais e ouvir as minhas irmãs a rirem-se. Em vez disso, os meus pais encostavam os rostos ao vidro (Kübler-Ross, 1997: 28-29)

Esta primeira experiência ficou ainda marcada pelo facto de, ao lado da sua cama no hospital, encontrar-se internada outra criança doente, com seis anos, que estava muito mal, alternando períodos de consciência com períodos de inconsciência: "A outra criança, dois anos mais velha que Elisabeth, tinha um aspecto translúcido, uma palidez facial como a fronha de uma almofada – 'um anjo sem asas' [...]" (Gill, 1980: 12). Um dia, esta criança disse a Elisabeth que iria partir, morrendo de facto no espaço de vinte e quatro horas. Este foi o primeiro contacto de Kübler-Ross com a morte humana, acontecimento que a marcou profundamente, conduzindo-a a relatar o caso na sua autobiografia, mais precisamente no capítulo três, "A Dying Angel", no qual considera essa criança como um anjo que morreu ao seu lado (cf. Kübler-Ross, 1997: 27-31). Elisabeth, após seis semanas de internamento teve alta e convalesceu em casa, desde o final de Agosto a Setembro de 1931, com a ajuda das refeições nutritivas da mãe e do pôr-do-sol de Verão a que assistia diariamente (cf. Gill, 1980: 16).

O contacto com a morte humana irá ser uma constante ao longo da sua infância. Frequentando o terceiro ano da escola primária, em Meilen, arredores de Zurique, uma das suas amigas, Susy, adoece com meningite e morre.

> Passo a passo, dia após dia, Susy teve uma morte lenta por meningite, ficou paralisada, surda, cega [...] Elisabeth lembra-se vivamente da notícia da morte de Susy a espalhar-se na povoação – a mágoa, o alívio por tudo ter terminado e a pena pela família sozinha em sofrimento (Gill, 1980: 27).

Verifica-se que, mais uma vez, a autora contacta com a morte de uma criança e tem necessidade de relatar este acontecimento nas suas memórias (cf. Kübler-Ross, 1997: 38-39). A própria autora reconhece que, naquela época, não havia um escamoteamento da morte: "Os meus pais não me protegiam da vida e da morte tal como acontece naturalmente, o que me permitiu absorver as diferentes circunstâncias, bem como as reacções das pessoas" (Kübler-Ross, 1997: 38).

Neste contexto, uma das mortes que mais a marcou foi a de um agricultor, amigo e vizinho dos pais. O vizinho caiu de uma macieira e fracturou gravemente a coluna. Ainda foi socorrido no hospital, mas, naquela época, anos trinta do século XX, os meios médicos para responder a estas situações estavam pouco desenvolvidos, quase nada havendo a fazer naquele caso.

Assim, o doente, consciente do seu estado, desejou ir para casa a fim de morrer (cf. Gill, 1980: 28; Kübler-Ross, 1997: 39). Kübler-Ross descreve este episódio de uma forma muito viva na sua autobiografia:

> Houve muito tempo para que a família, os parentes e os amigos se despedissem dele. No dia em que lá fomos, estava rodeado pela família e pelos filhos. O seu quarto transbordava de flores silvestres e tinha a cama posicionada de forma a poder olhar pela janela para os seus campos e árvores de fruto, literalmente os frutos do seu trabalho que sobreviveriam aos caprichos do tempo. A dignidade, o amor e a paz que testemunhei fizeram-me uma profunda impressão. [...] O lavrador tivera aquilo a que eu chamo uma boa morte, em casa, rodeado de amor e recebendo respeito, dignidade e afecto. A sua família dissera tudo o que havia a dizer sem quaisquer culpas ou assuntos por resolver (Kübler-Ross, 1997: 39).

Para além da visita ao moribundo, Kübler-Ross e as suas duas irmãs também foram ver o corpo morto do seu vizinho. Este é um episódio que demonstra o contacto com a realidade da morte, desde criança.

> No dia seguinte à morte do agricultor, a família enlutada convidou as irmãs Kübler a verem o corpo do familiar depositado na cama. Isto impressionou profundamente Elisabeth e agitou no seu íntimo questões sem resposta acerca da mortalidade humana (Gill, 1980: 28).

Em 1939, tinha Kübler-Ross 13 anos, a guerra estala com a invasão nazi da Polónia. Em casa, o pai recebe regularmente homens de negócios alemães e ouve rumores acerca de judeus presos na Polónia que iam para campos de concentração e aí eram assassinados (cf. Kübler-Ross, 1997: 45). Gill refere que as conversas em casa com homens de negócios alemães constituíram o primeiro contacto de Kübler-Ross com a questão judaica:

> Quando havia convidados em casa, a conversa habitualmente girava à volta do crescente poderio e ameaça germânica. Foi num desses jantares formais em casa que Elisabeth ouviu pela primeira vez falar da perseguição dos judeus e da fuga dos refugiados para a fronteira Suíça (Gill, 1980: 21).

Mais tarde, o pai compra um rádio e todas as noites ouvem no noticiário os avanços de guerra. Através dessas notícias, começaram a surgir

ITINERÁRIO BIO-BIBLIOGRÁFICO DE ELISABETH KÜBLER-ROSS

elementos mais consistentes sobre a hipótese de os campos de concentração serem de facto uma realidade. Perante essa circunstância, a adolescente Kübler-Ross fica indignada e sente uma vontade enorme de ajudar as vítimas da guerra, fazendo mesmo uma promessa:

> Ela podia prometer ajuda ao corajoso povo polaco, logo que as fronteiras suíças abrissem. Não era tempo para racionalismos, para pensar no crescimento ou pensar em como iria viajar para Varsóvia. Ela simplesmente conheceu um profundo sentimento de que um dia iria encontrar-se com pessoas que necessitavam de ajuda (Gill, 1980: 46).

Para além das notícias da guerra que escutavam na rádio, o próprio pai e o irmão traziam para casa notícias de massacres. Naquela época, o irmão, Ernest, cumpria o serviço militar, e o pai pertencia a uma força militar de voluntários. Por isso, estando por vezes estacionados na zona fronteiriça com a Alemanha, viam muitos fugitivos a nadar no Reno para alcançar a fronteira Suíça. Muitos não conseguiam e eram atingidos pelas metralhadoras dos soldados alemães, outros conseguiam atingir a fronteira e eram socorridos pelos soldados suíços, como o seu pai e o seu irmão (cf. Gill, 1980: 50; Kübler-Ross, 1997: 45). Apesar destes acontecimentos, o facto de a Suíça ter sido um país neutral durante a II Guerra Mundial permitiu a Kübler-Ross e à sua família viverem os tempos de guerra com uma certa paz, apenas sujeitas ao racionamento alimentar. Durante o tempo do conflito muitos homens foram chamados para o serviço militar, o que conduziu a uma baixa de trabalhadores, especialmente no meio agrícola. Este facto fez com que muitas mulheres, algumas ainda jovens adolescentes, fossem recrutadas para trabalhar nos campos. Kübler-Ross recorda estes tempos em que ajudou na apanha da fruta, aprendeu a ceifar e a ordenhar (cf. Gill, 1980: 51). Devido ao racionamento dos alimentos, aprendeu a cultivar muitos vegetais no jardim de casa, transformado-o em horta, aprendendo também a conservar os alimentos em compotas para serem consumidos ao longo do ano (cf. Gill, 1980: 72).

Em 1942, com 16 anos, Kübler-Ross termina os estudos secundários e mostra desejo de seguir a carreira médica. O pai opõe-se, pensa que o emprego ideal para Elisabeth seria o de secretária e guarda-livros (cf. Gill, 1980: 54; Kübler-Ross, 1997: 47). Para Kübler-Ross, no entanto, esta decisão do pai era absurda e sufocava a sua vida:

EDUCAR PARA A MORTE

A paralisia dos membros e da língua causados pelo choque da decisão do pai terminaram com uma subida repentina de adrenalina. O coração de Elisabeth batia aceleradamente. As suas pequenas mãos deram um murro na mesa e exclamou que nunca iria para o comércio. Ela odiava tudo o que tinha a ver com o comércio e ganhar dinheiro. Ela morreria se tivesse que trabalhar no escritório. Seria um desastre como secretária e guarda-livros (Gill, 1980: 54).

Kübler-Ross, enfrentando a vontade do pai, chega a afirmar que preferia ser empregada doméstica a secretária. A sua teimosia e determinação conduzem mesmo Kübler-Ross ao desempenho de funções de empregada doméstica. Naquela época era prática comum muitas raparigas suíças da parte alemã, quando terminavam os estudos secundários, irem para a parte francesa, trabalharem como empregadas domésticas e aprenderem francês. Kübler-Ross foi trabalhar para casa de uma viúva, Madame André Perret, que tinha três filhas menores, na aldeia Romilly, no Lago de Genebra (cf. Gill, 1980: 55; Kübler-Ross, 1997: 48). A experiência foi muito negativa, pois a patroa era muito severa, exigia muitas horas de trabalho (das seis da manhã à meia-noite) e dava poucos incentivos, pelo que sensivelmente nove meses após o início do seu trabalho, Elisabeth abandonou esta actividade e regressou a Meiden, para a casa dos pais (cf. Gill, 1980: 57-66; Kübler-Ross, 1997: 48-50)[5].

De regresso a casa dos pais, continua determinada a seguir medicina. Porém o pai, para além de se opôr à ideia, não tinha recursos económicos suficientes para poder dar seguimento a esse desejo. Oferece-lhe de novo a oportunidade de trabalhar como secretária na empresa onde era director-adjunto, mas Kübler-Ross estava determinada a enveredar por outra

---

[5] A saída da casa de Madame Perret tem duas versões. Na biografia de Derek Gill, é referido que Kübler-Ross saiu de madrugada e deixou um bilhete para as filhas da Madame Perret referindo as razões da sua partida (cf. Gill, 1980: 65). Na autobiografia Kübler-Ross refere que, quando pela manhã de Natal de 1942, Madame Perret não ouviu a máquina de encerar a funcionar, dirigiu-se ao quarto de Kübler-Ross e mandou-a trabalhar. No confronto que se seguiu entre as duas, Kübler-Ross informou a patroa que iria deixar de trabalhar (cf. Kübler-Ross, 1997: 50). Penso que esta pequena discrepância na história de vida, se deverá a uma falha de informação do biógrafo Derek Gill que, ou se esqueceu de referir que Kübler-Ross saiu de casa e avisou a patroa, ou foi induzido, durante a recolha de dados, a pensar que ela simplesmente fugira deixando um bilhete.

actividade. E, assim, resolve aceitar um emprego como aprendiz de assistente num laboratório. O primeiro laboratório no qual trabalhou dedicava-se à produção de cosméticos e tinha uma área de pesquisa de medicamentos contra o cancro. O laboratório foi à falência, mas Kübler-Ross acabou por encontrar emprego noutro laboratório, pertencente ao departamento de dermatologia do Hospital Cantonal de Zurique (cf. Gill, 1980: 67-69; Kübler-Ross, 1997: 53). Foi precisamente neste emprego que Kübler-Ross entrou em contacto pela primeira vez com doentes. Aprendeu a colher sangue e teve oportunidade de efectuar colheitas a doentes com doenças venéreas, muitas dessas pessoas eram prostitutas. Nesta actividade começou a constatar que muitas das pessoas doentes mostravam uma grande necessidade de encontar uma mão amiga que as tocasse e alguém que as ouvisse, para além de tudo o que a tecnologia médica pudesse oferecer na altura (cf. Gill, 1980: 72-73; Kübler-Ross, 1997: 55-56). A este propósito, vejamos o que nos diz Derek Gill:

> Mas havia algo terrivelmente errado, quando a fria tecnologia médica não se conseguia ligar ao coração e ao entendimento da mente. [...] Os doentes necessitavam desesperadamente de alguém que se abeirasse dos seus leitos, alguém com tempo para escutar, alguém que não fizesse juízos de valor e que empatizasse com a vergonha, a solidão, a dor e o medo (Gill; 1980: 73).

Kübler-Ross permaneceu três anos nesta actividade, adquirindo experiência como técnica de laboratório na preparação de lâminas microscópicas com tecidos e células humanas e alguns microorganismos patogénicos. Em Junho de 1945 propôs-se a exame e foi aprovada, adquirindo o certificado de técnica de laboratório (cf. Gill, 1980: 95; Kübler-Ross, 1997: 63).

Entretanto, ocorre o fim da II Guerra Mundial: "As notícias do fim da guerra na Europa chegaram a Zurique no dia 7 de Maio de 1945" (Gill, 1980: 83). Kübler-Ross encontrava-se nesse dia a trabalhar no laboratório e recorda-se de ter festejado a vitória aliada e o regresso da paz com grande entusiasmo juntamente com os/as médicos/as, os/as enfermeiros/as, e mesmo os/as doentes mais debilitados/as (cf. Gill, 1980: 83). Com o fim da guerra, Kübler-Ross, que já tinha anteriormente manifestado uma enorme vontade de ajudar as vítimas, ingressa num grupo de voluntariado, Serviço Internacional de Voluntários para a Paz (International Voluntary Service for Peace), que tinha como missão ajudar popu-

EDUCAR PARA A MORTE

lações em todas as actividades de reconstrução do pós-guerra[6]. Kübler-Ross, na sua primeira missão, engrossa um grupo de voluntários que irão ajudar a reconstruir uma aldeia francesa (Écurcey), devastada pelos bombardeamentos durante a guerra (cf. Gill, 1980: 86-87). Posteriormente, e até 1951, Kübler-Ross junta-se por variadas vezes a grupos de voluntários que estiveram em missão na Bélgica, Suécia, Itália e Polónia (cf. Gill, 1980: 101-142; 145-146; Kübler-Ross, 1997: 64-87). A este propósito, Michèle Chaban refere:

> Para uma jovem mulher protegida pela família e pela neutralidade do seu país, Kübler-Ross poderia ter evitado a exposição ao sofrimento das vítimas de guerra. No entanto, escolheu enfrentar a destruição e participar no tratamento e recuperação da sociedade pós Segunda Guerra Mundial (Chaban, 2001: 120).

Durante a sua missão na Polónia, Kübler-Ross teve oportunidade de visitar o campo de concentração de Majdanek (também denominado Maidanek)[7]. Para Kübler-Ross esta visita constituiu uma grande lição sobre o sentido da vida, pelos motivos que a seguir irei mencionar (cf. Gill, 1980: 128-130; Kübler-Ross, 1997: 75).

Naquela altura, os campos de concentração ainda revelavam sinais frescos dos acontecimentos dantescos praticados pelos nazis. Kübler-

---

[6] Segundo Derek Gill, o Serviço Internacional de Voluntários para a Paz (International Voluntary Service for Peace) teve início após a I Guerra Mundial e "Os voluntários vinham de diversos substratos culturais, religiosos e económicos, mas partilhavam um compromisso de paz e de ajuda aos necessitados em qualquer parte do mundo. Ninguém era remunerado pelo seu trabalho. Alguns membros trabalhavam algumas semanas, outros, um ano ou mais tempo" (Gill, 1980: 81).

[7] Daniel Jonah Goldhagen, professor de Ciências Políticas e Sociais na Universidade de Harvard, relata no seu livro *Os Carrascos Voluntários de Hitler*, que é simultaneamente a sua tese de doutoramento, a propósito de Madjanek, o seguinte: "A maior parte desses campos situava-se na região de Lublin. O maior e, de longe, o mais conhecido de todos eles era Majdanek. Majdanek, que Himmler mandara construir, em 21 de Junho de 1941, na periferia a sudeste de Lublin, era um campo, numa escala menor que Auschwitz, que abrigava um complexo de instalações de trabalho e também câmaras de gás. A sua população era heterogénea, sendo os grupos maiores de polacos, judeus e soviéticos. Das perto de 500 000 pessoas que passaram por Majdanek, cerca de 360 000 morreram. [...] Em Majdanek, gasearam ou fuzilaram 40 por cento das vítimas. Os outros 60 por cento morreram em consequência das condições a que os alemães os sujeitaram (incluindo maus tratos físicos brutais), que os enfraqueceram de modo que as causas próximas da morte foram inanição, exaustão provocada pela fome, o trabalho e a doença" (Goldhagen, 1999: 454-455).

Ross ficou impressionada com o cenário: as torres de vigia, os vagões dos comboios que transportavam as vítimas, a quantidade de vestuário abandonado, de calçado de bebés, os montes de cabelo que seriam depois utilizados pela indústria. Reparou, num aspecto curioso, que nas paredes das barracas estavam desenhadas borboletas, muitas borboletas:

> Depois dos seus olhos se adaptarem à escuridão do interior dos barracões, ela viu as filas de tarimbas de madeira onde os prisioneiros se amontoavam e as inscrições nas paredes. Centenas de iniciais estavam marcadas na madeira, mensagens comoventes e ao redor desenhos de borboletas. Desenhos casuais de borboletas estavam em todo o lado (Gill, 1980: 129).

Na altura, não conseguiu entender o significado de todo este pulular de borboletas mas, bastante mais tarde na sua vida, tentará encontrar uma interpretação para ele, como veremos. Kübler-Ross, ao longo da visita questionou-se: como era possível? Como é que seres humanos podiam ter feito semelhantes atrocidades aos seus semelhantes?

No meio da visita encontrou uma jovem aproximadamente da sua idade que, reparando no seu ar de espanto perante o que as rodeava, lhe dirigiu a palavra para afirmar que dentro de cada um de nós vivia um Hitler escondido. Logo, se ela tivesse vivido na Alemanha nazi durante o tempo da guerra, poderia ter praticado actos igualmente abomináveis. A jovem, Golda de nome, com quem Elisabeth entabulou então conversa, era judia e tinha nascido na Alemanha. Lembrava-se de, aos doze anos, a Gestapo ter levado o seu pai, comerciante da Baviera, sem que alguma vez tivessem obtido notícias do seu paradeiro. Quando a guerra começou, Golda, a mãe, o irmão e a irmã mais velhos foram deportados para Varsóvia e, mais tarde, em 1944, para o campo de Majdanek. A determinada altura, chamaram muitos prisioneiros para serem gaseados, incluindo Golda e a sua família. Todos nus, entraram no compartimento e Golda foi a última. Os nazis não conseguiam fechar a porta, tal era o número de prisioneiros, e retiraram Golda à última da hora para conseguirem executar o gaseamento, cumprindo a quota diária de extermínio. Como o número dela estava já na lista dos mortos, nunca mais a chamaram e, assim, foi suportando os trabalhos forçados e sobrevivendo às inúmeras doenças e ao rigor do Inverno da Polónia. A sua sobrevivência também foi ditada por uma força interior que a levava a pensar que, no fim de tudo, no fim da guerra, iria contar a todos os acontecimentos inimagináveis que tinham ocorrido no campo de concentração (cf. Kübler-Ross, 1997: 77).

Kübler-Ross interrogava-se como era possível que alguém que vivera e sentira na pele tamanhas atrocidades conseguisse andar em frente, perdoar e amar. Perante esta inquietação, Golda respondeu-lhe com uma frase que constituirá um verdadeiro ensinamento para Kübler-Ross ao longo da vida:

> "Como Hitler", disse, "Se usasse a minha vida, que fora poupada, para plantar as sementes do ódio, não seria diferente dele. Seria apenas mais uma vítima a tentar espalhar mais e mais ódio. A única forma de conseguirmos encontrar paz é deixarmos que o passado seja passado. [...] Se conseguir alterar a vida de uma pessoa, do ódio e da vingança para o amor e compaixão, então mereci sobreviver" (Kübler-Ross, 1997: 78; Kübler-Ross, 2008: 89-90).

Este contacto de Kübler-Ross com um campo de concentração e com uma sua sobrevivente reforçou a sua postura na ajuda aos outros, especialmente os mais debilitados, contribuindo também para o nascimento da determinação em procurar que as gerações futuras não criassem outro Hitler (cf. Kübler-Ross, 1997: 78).

Em 1946, Kübler-Ross consegue emprego como assistente de laboratório no departamento de oftalmologia da Universidade de Zurique, cujo director era o professor Marc Amsler. Neste departamento, Kübler-Ross, para além das actividades próprias de uma técnica de laboratório, colaborava na realização de testes visuais, o que permitiu de novo o contacto directo com alguns doentes. Nesse contacto, desenvolve algumas das suas capacidades relacionais, como afirma Derek Gill:

> Os doentes que vinham ter ao pequeno quarto, à janela preta, chamado o quarto preto, estavam em sobressalto. Alguns estavam em risco de ficarem completamente cegos. Outros temiam perder o emprego. Alguns, poucos, temiam terrivelmente pelas suas vidas. [...] Após poucos minutos do início destes testes delicados, a maioria dos doentes estavam aptos a partilharem os seus pensamentos mais íntimos. Muitos admitiram posteriormente que nunca tinham falado com ninguém dessa forma. (Gill, 1980: 98).

As suas responsabilidades também foram sendo alargadas e chegou mesmo a comunicar diagnósticos a alguns doentes, com toda a problematicidade que esta comunicação envolve: "[...] Dizer a uma mãe que o seu filho teria que extrair um olho se queria que a visão do outro olho saudável escapasse ou – em casos extremos – comunicar que o prognóstico era uma cegueira total" (Gill, 1980: 99). Apesar de inicialmente cometer alguns erros, comunicando alguns diagnósticos mais difíceis com alguns eufemismos ou evasões, cedo se apercebeu de que a transmissão da verdade de uma forma simples e franca era a melhor forma de comunicar certas notícias (cf. Gill, 1980: 99). Muitos doentes expunham os seus problemas de uma forma espontânea, permitindo a Kübler-Ross desenvolver a capacidade de escuta e de aconselhamento (cf. Gill, 1980: 161).

O seu interesse profundo pelo trabalho do professor Amsler, associado ao desenvolvimento de uma grande amizade com ele, conduzira Kübler-Ross a ter o privilégio de assistir a algumas das suas cirurgias oftalmológicas. Este facto, juntamente com o seu trabalho junto dos doentes, aguçou ainda mais a sua determinação em tornar-se médica. Assim, em 1950 dedica-se a estudar afincadamente para realizar o *Mature*, conjunto de exames de várias áreas – história, matemática, geografia, química, física, literatura, latim, inglês, francês e alemão – que possibilitaria a entrada em qualquer universidade suíça (cf. Gill, 1980: 152; Kübler-Ross, 1997: 89). Em Setembro de 1951 presta provas durante cinco dias e, no dia 22 desse mês, recebe a feliz notícia de que tinha sido aprovada (cf. Gill, 1980: 154; Kübler-Ross, 1997: 90). Agora, o sonho que acalentara durante anos estava a ponto de se concretizar: poderia ingressar na universidade e frequentar o curso de medicina.

Em 1952 entra na Faculdade de Medicina de Zurique. O pai, ao ter conhecimento da notícia da aprovação no *Mature* e, posteriormente, do ingresso no curso de medicina, resigna-se e aceita a vontade da filha.

Durante o curso, Kübler-Ross continua a trabalhar no laboratório do departamento de oftalmologia da Universidade de Zurique para pagar os estudos. Durante o tempo de faculdade conhece o seu futuro marido, Emmanuel Ross, natural de Nova Iorque, que estava em Zurique para terminar o curso de medicina, pois no seu país as faculdades estavam cheias de candidatos, sendo muitos deles soldados do pós-guerra, e o ingresso era difícil (cf. Gill, 1980: 167; Kübler-Ross, 1997: 94).

No seu percurso académico, um dos aspectos que marcou Kübler-Ross foi a prática clínica. Naquela época, nas escolas médicas suíças a prática clínica realizava-se em anfiteatro, ao contrário do sistema de outros paí-

EDUCAR PARA A MORTE

ses, em que os estudantes seguiam um professor nas visitas aos doentes no hospital. Na Suíça, havia um doente voluntário que se dirigia para o estrado e, a partir daí, a sua doença era debatida pelos estudantes, o que implicava, obviamente, debater os seus sintomas e o tratamento (cf. Gill, 1980: 169)[8]. Este aspecto adquire uma relevância especial porque Kübler--Ross, mais tarde, como veremos, irá utilizar uma metodologia similar para ouvir e discutir os problemas de doentes em fase terminal.

No último ano do curso, denominado ano sénior, os estudantes de medicina efectuavam um estágio na comunidade. Kübler-Ross foi efectuar o seu em Wäggithal, uma zona rural. Durante este estágio Kübler--Ross teve inúmeras experiências clínicas que contribuíram para a sua formação. De entre elas, saliente-se sobretudo os casos de três doentes em fase terminal que acompanhou no domicílio e que a marcaram pela diversidade de reacções perante a situação de fim de vida:

> Três dos doentes estavam numa fase terminal e ela notou que os seus comportamentos e atitudes eram algo diferentes. [...] Este tempo passado com estes doentes permitiu a Elisabeth a primeira compreensão das diferentes etapas da morte, ficando-lhe gravadas na mente (Gill, 1980: 179-180).

Kübler-Ross finalizou o curso em 1957 e começou a exercer medicina numa povoação rural, Lagenthal, na Suíça (cf. Gill, 1980: 188-189; Kübler-Ross, 1997: 103). Permaneceu nesta aldeia um ano, dividindo-se a sua actividade entre as consultas no consultório e a prestação de assistência no domicílio. Muitos dos seus doentes não tinham dinheiro para pagar as consultas, de modo que, em certas alturas, o consultório estava

---

[8] Apesar de esta metodologia ser utilizada na universidade e Kübler-Ross não revelar qualquer objecção, há um acontecimento numa aula de ginecologia e obstetrícia em que fica chocada pela forma como o professor tratou a doente. Tratava-se de uma doente que estava internada em ginecologia e que se voluntariou para o anfiteatro, proporcionando uma aula aos estudantes de medicina. O professor, para além de considerar a doente quase como um boneco, permitiu que quatro alunos efectuassem o exame pélvico na frente de todo o auditório. Isto para Kübler-Ross era demais. Apesar de compreender a necessidade de haver doentes para certas demonstrações, o respeito mínimo pela dignidade da pessoa estava, nesta situação, posto em causa. Escreveu uma carta de repúdio aos responsáveis da faculdade, mas acabou por não a enviar, pois certamente seria expulsa do curso. No entanto, pensou que quando fosse médica lutaria contra aqueles que não vissem os doentes como seres humanos, com sensibilidade e respeito (cf. Gill, 1980: 170).

cheio de bens agrícolas como forma de pagamento (cf. Kübler-Ross, 1997: 103-104).

Durante este período houve um acontecimento familiar que marcou profundamente a vida de Kübler-Ross. O cunhado Seppli, casado com a sua irmã Eva, desenvolvera um cancro no estômago, tendo-se constatado, após intervenção cirúrgica, que o tumor manifestava um elevado grau de invasão, restando-lhe pouco tempo de vida. Kübler-Ross nutria um grande carinho pelo cunhado e foi ela quem acompanhou mais de perto o seu processo de doença, pois a sua irmã não conseguia aguentar tamanha pressão (cf. Gill, 1980: 182-183; Kübler-Ross, 1997: 101-102). Numa determinada altura em que estava a trabalhar no seu consultório em Lagenthal, o cunhado telefonou-lhe a pedir para ir vê-lo. Kübler-Ross explicou-lhe que tinha o consultório cheio e ainda teria que efectuar algumas visitas domiciliárias, embora já tivesse programado vê-lo dentro de dois dias. Infelizmente, Seppli faleceu na manhã seguinte. Kübler-Ross nunca se perdoou por não o ter visitado pela última vez, não obstante o seu pedido (cf. Gill, 1980: 191-192; Kübler-Ross, 1997: 104). Como refere na autobiografia:

> Como a maior parte dos doentes na fase final da vida que aceitam a transição deste mundo para o outro lado, ele sabia o pouco e precioso tempo que lhe restava para se despedir. [...] nunca perdoei a mim própria não ter ido vê-lo (Kübler-Ross, 1997: 104).

Em Fevereiro de 1958, Kübler-Ross casa com Emmanuel Ross. Um dos projectos de Kübler-Ross, ainda por concretizar, era prestar serviço médico voluntário na Índia (cf. Gill, 1980: 187; Kübler-Ross, 1997: 99). Mas Emmanuel Ross tinha outros planos, queria regressar aos Estados Unidos e levar a sua esposa. Esta divergência acabou por resolver-se, pois o projecto de voluntários para a Índia fracassou e Kübler-Ross acabou por embarcar para os Estados Unidos com o marido em Junho de 1958 (cf. Gill, 1980: 187-188; 196-197). Permaneceram em Nova Iorque e Kübler-Ross foi trabalhar como médica residente no *Glen Cove Community Hospital*. Após um ano nessa situação, Kübler-Ross teve que escolher que especialidade médica gostaria de obter. Pensou na área da pediatria e, desta forma, candidatou-se a médica residente de pediatria no *New York's Columbia Presbyterian Medical Center*, tendo sido aceite. No entanto, como ficou grávida, pouco tempo permaneceu nesta área, pois as grávidas não eram aceites, devido aos pesados turnos de trabalho, que eram de vinte e quatro horas em dias alternados (cf. Gill, 1980: 205-206; Kübler-Ross, 1997: 109-110). Entretanto, conseguiu vaga como médica residente no *Manhattan State Hospital*, no departamento de psiquiatria. Inicialmente, não lhe agradou esta especialidade, porque aspirava frequentar a especialidade de pediatria. Mas o tempo foi passando e as possibilidades de frequentar a área de pediatria tornaram-se mais remotas, acabando por efectuar formação pós-graduada em psiquiatria. No *Manhattan State Hospital* permaneceu dois anos, adquirindo experiência na recuperação de doentes esquizofrénicos. O departamento de psiquiatria tinha internados, segundo Kübler-Ross, os piores casos de transtornos mentais. Algumas pessoas estavam internadas há mais de vinte anos, e "[...] estavam grosseiramente sobremedicados, vítimas de um desapego exagerado" (Kübler-Ross, 1997: 114).

A autora, juntamente com outro médico residente e a assistente social, iniciou um programa de recuperação destes doentes com recurso à terapia ocupacional (que até então não tinham) e foi promovendo o incentivo do trabalho na vida comunitária. Muitos doentes obtiveram grandes melhoras e conseguiram uma integração social, o que constituiu um episódio marcante na vida de Kübler-Ross, que afirma na sua autobiografia ter conseguido " [...] a alta de 94% dos meus 'desesperados' doentes esquizofrénicos e torná-los produtivos e auto-suficientes fora do hospital" (Kübler-Ross, 1997: 118). Derek Gill refere a este propósito que "[...] mais de três quartos dos doentes ao meu encargo estavam bem o suficiente para terem alta quando eu saí do Manhattan State – a maioria deles era capaz de levar uma vida normal" (Gill, 1980: 221).

A sua aprendizagem na área da psiquiatria do *Manhattan State Hospital* foi bastante fértil, de tal modo que chegou à conclusão que muitos dos doentes, embora necessitando efectivamente de medicação para poderem recuperar, acima de tudo necessitavam de compaixão, de presença, enfim, de cuidados verdadeiramente humanos (cf. Gill, 1980: 220; Kübler-Ross, 1997: 114). Por outro lado, verificou que embora muitos doentes tivessem em comum o mesmo diagnóstico, a prática clínica aconselhava um tratamento individualizado. Simultaneamente, Kübler-Ross chegou mesmo a constatar que alguma medicação era utilizada de forma abusiva, mais no interesse dos profissionais de saúde do que nos ganhos em saúde por parte do doente (cf. Gill, 1980: 221).

Entretanto, durante o ano de 1959, Kübler-Ross ficou de novo grávida, mas, tal como anteriormente, teve um aborto espontâneo. Contudo, a terceira gravidez foi até ao fim e, em Junho de 1960, teve o seu primeiro filho, a quem deu o nome de Kenneth (cf. Gill, 1980: 223-224; Kübler-Ross, 1997: 117).

Em 1960, Kübler-Ross tem de efectuar mais um ano de médica residente na área de psiquiatria. Tinha adquirido experiência no tratamento de doentes psicóticos no *Manhattan State Hospital*, contudo na área das neuroses ainda precisava de adquirir competências. Deste modo, decide ir para outra instituição e escolhe o *Montefiore Hospital*, em Nova Iorque, uma instituição de saúde generalista que lhe possibilitaria o contacto clínico com um leque mais alargado de doentes do foro psiquiátrico (cf. Gill, 1980: 225-226). Assim, em Junho de 1961 foi para o *Montefiore Hospital*, aí exercendo funções na clínica psicofarmacológica, ao mesmo tempo que desempenhava funções de consultora de psiquiatria noutras áreas do hospital (cf. Gill, 1980: 227; Kübler-Ross, 1997: 121). Numa determinada altura da sua permanência nesta instituição de saúde, um médico neurologista pediu a colaboração da psiquiatria para um doente que se encontrava na última fase de uma doença degenerativa, a esclerose lateral amiotrófica. Kübler-Ross foi chamada, observou o doente e chegou à conclusão de que ele estaria a preparar-se para morrer. O neurologista achou o diagnóstico ridículo, pois estava persuadido de que o doente precisava apenas de medicação contra um estado depressivo. No entanto, de acordo com as previsões de Kübler-Ross, passados três dias o doente morreu (cf. Gill, 1980: 229; Kübler-Ross, 1997: 121).

É durante a permanência neste hospital que há uma aproximação e uma sensibilização da autora para com os doentes que estão a morrer. Fruto da sua experiência anterior com os doentes esquizofrénicos, em que havia práticas pouco humanas nos cuidados de saúde, também nesta instituição Kübler-Ross verifica um paralelismo, mas neste caso com os cuidados prestados aos doentes em fase terminal. Começara talvez aqui, nesta etapa da sua vida, o interesse pelas questões da morte e, especialmente, pelos doentes que estão na fase final da vida. Esta convicção advém de afirmações da própria autora na sua autobiografia, em que escreve que a classe médica, no *Montefiore Hospital*, não estava preparada para responder às necessidades dos doentes que se encontravam na fase final da vida, descrevendo a forma desumana como os doentes nesta situação eram cuidados:

> Mas, após alguns meses de trabalho, reparei que muitos médicos evitavam rotineiramente a menção a qualquer coisa que tivesse a ver com a morte. Os doentes a morrer eram tão mal tratados como os meus doentes psiquiátricos no hospital estatal. Eram marginalizados e abusados. Ninguém era honesto com eles. [...] aos piores casos – àquelas pessoas nos últimas fases da doença, aqueles que haviam entrado no processo de morte – era dado o pior tratamento. Eram colocados nos quartos mais afastados das salas dos enfermeiros. Eram forçados a ficar sob luzes intensas que não podiam apagar. Negavam-lhes as visitas, à excepção das horas permitidas. Eram deixados sozinhos a morrer, como se a morte fosse contagiosa. (Kübler-Ross, 1997: 121-122).

Neste âmbito, Derek Gill também refere que Kübler-Ross começou a aperceber-se, pela primeira vez, dos problemas que os médicos tinham em estabelecer uma relação com os doentes que estavam numa fase terminal da vida: "[...] Ela começou a perceber que muitos médicos viam a morte dos seus doentes como uma ofensa pessoal e um fracasso" (Gill, 1980: 229).

Kübler-Ross continuou a sua prática hospitalar na área da psiquiatria, dando mais atenção a esta problemática e rejeitando a forma como estavam a ser cuidados os doentes em fim de vida: "Recusei-me a continuar com aquelas práticas. Isto parecia-me errado. Permanecia com os doentes em fase terminal pelo tempo que fosse necessário [...]" (Kübler-Ross, 1997: 122).

Há também a referir a experiência que adquiriu na área da pedopsiquiatria. Segundo Gill, o trabalho com crianças tornou-se um dos aspectos que mais realizou Kübler-Ross durante a sua aprendizagem para psiquiatra:

> O seu mais importante e certamente o mais gratificante trabalho no Montefiore foi com crianças com distúrbios mentais. Ela descobriu o seu dom para comunicar instantaneamente com as crianças, mesmo com aquelas diagnosticadas como psicóticas (Gill, 1980: 236).

Entretanto, em 1961, mais precisamente em Setembro, o seu pai adoece e tem que ficar hospitalizado devido a uma septicémia (infecção generalizada) após uma intervenção cirúrgica ao cotovelo. Kübler-Ross vai para a Suíça e, ao chegar ao hospital, depara-se com o desejo do pai em sair da instituição, tendo ameaçado suicidar-se se não fosse para casa. Atendendo ao pedido do pai e sabendo da gravidade da situação, Kübler-Ross assinou a alta e levou-o para casa. Pouco tempo depois, o pai morre em casa, no seu leito, rodeado pelos cuidados da filha e da esposa (cf. Gill, 1980: 230-235; Kübler-Ross, 1997: 122-125).

Em 1962, Kübler-Ross termina a formação como psiquiatra e decide procurar emprego como médica especialista, procura que o marido também irá iniciar para si próprio. Encontram vagas na zona oeste dos Estados Unidos, em Denver, mais precisamente na Universidade do Colorado, que estava associada ao *Colorado General Hospital*. No final de Maio de 1962, Kübler-Ross iniciou actividade como "fellow in psychiatry" na escola de medicina. O seu dia de trabalho dividia-se basicamente em duas partes: de manhã, trabalhava na comunidade terapêutica para doentes psicóticos, durante a tarde, exercia as sua actividade junto de crianças com distúrbios mentais na clínica de psiquiatria infantil (cf. Gill, 1980: 242). Durante este período no hospital de Denver, Kübler-Ross conhece Sydney Margolin, professor catedrático e chefe do laboratório de psicofisiologia do departamento de psiquiatria, que tem uma reputação de bom orador e realiza palestras brilhantes na faculdade de medicina. Kübler-Ross sente-se atraída pelo trabalho do professor e, em Julho de 1963, junta-se à equipa de assistentes do departamento de psicofisiologia. Kübler-Ross, para além de uma relação profissional, estabelece também uma relação de grande amizade com o professor Margolin. Esta relação de confiança era de tal forma forte que o professor, no fim do ano académico, convidou-a a continuar na sua equipa, mas com o título de *Instrutor in Psychiatry*. Com o novo cargo, Kübler-Ross poderia trabalhar no laboratório, assumindo mais responsabilidades, substituindo por vezes o professor em algumas actividades (cf. Gill, 1980: 249). No Outono de 1963, o professor comunica a Kübler-Ross que irá ausentar-se de Denver e delega nela a responsabilidade de proferir uma palestra em sua substituição sobre um assunto que julgasse mais pertinente, a uma plateia de oitenta estudantes de medicina (cf. Gill, 1980: 249-250; Kübler-Ross, 1997: 129-130). Kübler-Ross sente inicialmente um grande receio em substituir um tão afamado orador, mas decide enfrentar o desafio e escolhe a temática que pensa ser

EDUCAR PARA A MORTE

urgente debater junto dos profissionais de saúde: a morte (cf. Gill, 1980: 250; Kübler-Ross, 1997: 130).

Kübler-Ross começa a trabalhar na palestra e pensa que a melhor metodologia seria dividi-la em duas partes. Na primeira, Kübler-Ross falaria dos rituais e costumes relativos à morte noutras culturas, comparando-os com o estilo americano; numa segunda parte, iria fazer uso da metodologia utilizada nas faculdades de medicina suíças, referida neste capítulo a propósito do ensino médico na Suíça, ou seja, levaria para o auditório uma pessoa que estivesse numa fase terminal e daria oportunidade à plateia de lhe colocar questões (cf. Gill, 1980: 252; Kübler-Ross, 1997: 131). Kübler-Ross foi pelo hospital à procura de um doente que aceitasse a sua proposta. Numa das suas rondas teve conhecimento de uma jovem de dezasseis anos, de nome Linda, que estava numa fase terminal por leucemia. Conversou com a jovem e propôs-lhe a ida a uma palestra para responder a questões dos profissionais de saúde sobre o que é ser um doente em fase terminal e Linda concordou. No dia da palestra, tal como tinha planeado, Kübler-Ross introduziu uma primeira parte e, de seguida, trouxe para a sala a jovem que se colocou à disposição do público para responder a algumas questões. No início instalou-se o silêncio no auditório, mas, aos poucos, o público foi colocando algumas questões no sentido de saber por exemplo como a jovem se sentia após a quimioterapia ou se tinha uma baixa contagem de glóbulos, tudo questões do foro puramente clínico. Ninguém colocava qualquer pergunta sobre os seus sentimentos e reacções perante a doença, de tal modo que Linda, a certa altura, extravasando alguma frustração, começou a dar resposta a perguntas não formuladas. Por exemplo, como se sentia sabendo que tinha pouco tempo de vida e apenas dezasseis anos, como era não poder sonhar com um fim de curso e o que a motivava a viver cada dia[9].

A audiência ficou emocionada e reflectiu sobre os seus sentimentos e temores acerca da morte (cf. Gill, 1980: 254-256; Kübler-Ross, 1997: 131-

---

[9] Gill refere que, perante a inactividade da plateia em formular questões à jovem, foi Kübler-Ross que tomou a iniciativa e lançou uma série de perguntas (cf. Gill, 1980: 255). Embora haja neste ponto um pequeno desencontro entre a história contada pela autora na sua autobiografia e a do biógrafo Derek Gill, os factos ocorridos foram descritos de forma similar em ambas as obras. Por uma questão de fidelidade ao pensamento da autora, optou-se por descrever a história conforme a sua autobiografia.

38

-133). No final da palestra, Kübler-Ross afirmou algo que tem sido o seu lema ao longo dos tempos: "Talvez saibam agora não apenas como se sente um doente a morrer, mas talvez sejam também capazes de os tratar com compaixão, a mesma que desejariam para vocês mesmos" (Kübler-Ross, 1997: 133). Para Kübler-Ross, a vida de Linda teve naquele momento uma finalidade: ajudar os outros a enfrentarem a morte e a constatarem que a compaixão é uma arma imprescindível para cuidar os que se encontram no fim de vida

> Assim, se eles tivessem enfrentado e reconhecido – e deste modo dominado – os seus próprios receios da morte, seriam imensamente melhores a compreender o que se passa na mente do doente em fase terminal. Através da coragem e da generosidade de Linda em participar e falar-lhes, eles poderiam talvez entender que cuidar de um doente em fase terminal não é um simples desafio intelectual mas um acto muito humano que apela às qualidades do coração. Como médicos, a medida da qualidade do seu trabalho será aferida não pelas suas competências científicas, mas pelas suas capacidades de compaixão (Gill, 1980: 257).

Em Dezembro de 1964, Kübler-Ross tem a sua primeira filha, a quem deu o nome de Barbara (cf. Gill, 1980: 267; Kübler-Ross, 1997: 136).

Em 1965, Emmanuel Ross encontrava-se insatisfeito com a sua actividade de neuropatologista. Era o único especialista dessa área em Denver e sentia a necessidade de novos desafios e estímulo intelectual. Kübler-Ross na altura já tinha como referi anteriormente o posto de *Instrutor in Psychiatric* no *Colorado General Hospital*, mas compreendendo a frustração do marido, concordou com a ideia de procurarem emprego noutras paragens (cf. Gill, 1980: 268; Kübler-Ross, 1997: 137). Encontraram emprego em Chicago, tendo Kübler-Ross ficado no departamento de psiquiatria do *Billings Hospital*, que estava associado à Universidade de Chicago. A sua actividade consistia em tratar doentes da unidade de psiquiatria do hospital e também proferir palestras no âmbito psiquiátrico a estudantes de medicina (cf. Gill, 1980: 276-277).

Foi nesta altura que um grupo de quatro estudantes de teologia bateram à porta do gabinete de Kübler-Ross com o objectivo de lhe pedirem ajuda para realizarem um trabalho cuja temática era a morte, entendida como a crise definitiva que o ser humano tem que enfrentar[10]. Kübler-Ross, ao tentar encontrar uma forma de ajudar os estudantes, acabou por descobrir que a estratégia ideal seria entrevistar doentes em fase terminal. Estas entrevistas, que inicialmente eram somente observadas pelos estudantes de teologia, foram depois alargadas à participação de outras pessoas, nomeadamente profissionais de saúde. Deste modo, nasceu em 1967 o seminário *On Death and Dying*, que se realizava uma vez por semana e era dirigido por Kübler-Ross (cf. Kübler--Ross, 1997: 142)[11].

A escolha de doentes em fase terminal para participarem no seminário foi dificultada pelos profissionais de saúde. Os médicos negavam o acesso de Kübler-Ross aos doentes por duas ordens de razões: por um lado, porque baniam a própria realidade da morte humana, negavam-na do seu hemisfério profissional, cujo objectivo era salvar vidas; por outro, pensavam que seria prejudicial ao doente saber e falar sobre o seu real estado de saúde, especialmente se estivesse gravemente doente[12].

---

[10] Na biografia de Derek Gill, os estudantes abeiraram-se de Kübler-Ross e expressaram a sua inexperiência em estarem junto de doentes gravemente doentes, alguns nos momentos finais das suas vidas. Parecia-lhes que lerem passagens da Bíblia ou recitarem algumas preces não era o suficiente para atender doentes em fase terminal. Deste modo, conhecedores da palestra que Kübler-Ross proferira em Denver com Linda, atendendo a que um dos irmãos dos presentes estudava medicina na Universidade do Colorado, pediram-lhe ajuda para lhes proporcionar experiências junto de doentes em fase terminal (cf. Gill, 1980: 279-280). Na autobiografia, Kübler-Ross refere basicamente a mesma história, mas acrescenta um pormenor que Derek Gill não refere: é que os estudantes, para além de não terem experiência em contactar com doentes em fase terminal, tinham um trabalho académico a realizar, cuja temática era a morte como última crise que a pessoa tem que enfrentar, motivo que desencadeara o pedido de ajuda a Kübler-Ross (cf. Kübler-Ross, 1997: 139-140)

[11] A direcção do seminário *On Death and Dying* aparece envolta nalguma controvérsia. Michèle Chaban, na sua tese de doutoramento, coloca algumas dúvidas sobre o facto de ter sido Kübler-Ross a dirigir o seminário. Na sua pesquisa, constata que o projecto de seminário nasceu da capelania do *Billings Hospital* e que os doentes em fase terminal eram remetidos aos capelães para acompanhamento. Estes dois factos, e ainda a formação do capelão Nighswonger, responsável pela capelania, na área da tanatologia, conduzem-na a pensar que é improvável que uma psiquiatra fosse a directora do seminário, mas que apenas se tivesse associado ao projecto previamente iniciado pela capelania do hospital (cf. Chaban, 2000: 142-143).

[12] Para Chaban, a recusa médica em identificar doentes em fase terminal não tem a ver com a negação da temática da morte no âmbito profissional, mas antes com um certo proteccionismo ou paternalismo médico. (cf. Chaban, 2000: 124).

Nenhum dos médicos que abordou admitiu ter um único doente em fase terminal ao seu cuidado. [...] Ela criticou um médico residente que tinha a seu cargo doentes em fases terminais, mas não os referenciava como tal. Kübler-Ross disse-lhe que num hospital com seiscentas camas haveria de haver algum doente no fim de vida. O médico retorquiu zangado que não permitia que nenhuns dos seus doentes em estado crítico fossem tratados como porquinhos-da-índia. Ele ficou chocado com a ideia de Elisabeth sequer pensar em "explorar" estes doentes (Gill, 1980: 280-281).

Houve, portanto, uma certa hostilidade dos profissionais de saúde em relação a um evento tão inédito e, sobretudo, abordando uma temática *non grata* no âmbito dos cuidados de saúde. Apesar das dificuldades, as entrevistas com os doentes foram acontecendo inicialmente junto das suas camas e, mais tarde, realizaram-se num auditório, devido ao número elevado de participantes. No início, Kübler-Ross dirigia pessoalmente as entrevistas, mas, posteriormente, houve a intervenção e ajuda de um dos capelães do hospital, o reverendo Renford Gaines (cf. Gill, 1980: 302). O capelão tinha conhecimento de todos os doentes do hospital que estivessem em fase terminal e, assim, Kübler-Ross não tinha dificuldades em encontrá-los nas várias unidades de cuidados. Por outro lado, o capelão constituía uma mais-valia na entrevista, pois poderia aprofundar alguns aspectos espirituais relativos à morte humana. No fim da entrevista, Kübler-Ross acompanhava o doente à unidade onde estava internado e regressava ao auditório, onde se seguia um debate acerca da entrevista e também acerca dos sentimentos que cada um experimentara aquando do contacto com uma pessoa no final da vida (cf. Gill, 1980: 285-286; Kübler-Ross, 1997: 145-146).

Basicamente, as entrevistas confrontavam o público com a mortalidade e com as necessidades dos que se encontram numa fase final das suas vidas. Kübler-Ross, ao ser questionada por dois professores do ensino médico sobre o teor dos seminários, resumiu em poucas palavras os objectivos que pretendia atingir, transmitidos aqui através de Derek Gill:

[...] Com a ajuda dos doentes em fase terminal, ela tentou encorajar os profissionais de saúde e outros como os capelães e assistentes sociais a não evitarem um relacionamento com o doente nesta etapa. Todos os que participaram nestes seminários aprenderam imenso acerca do pensamento, do coração, do espírito e inclusivamente sobre si mesmos. Os seminários ajudaram a sensibilizar estudantes, enfermeiros e outros para as necessidades do doente em estado crítico – necessidades que estão para lá do que a tecnologia poderia encontrar. Simultaneamente, os seminários ajudaram os participantes a perderem a ansiedade que sentiam acerca da própria mortalidade (Gill, 1980: 297-298)

Em 1969, o chefe de redacção da editorial Macmillan, de Nova Iorque, leu um artigo de Kübler-Ross sobre os seminários, publicado no jornal escolar do *Chicago Theological Seminary*, e propôs-lhe a escrita de um livro sobre o seu trabalho junto dos doentes em fase terminal. Kübler-Ross aceitou e passados três meses publicou o seu primeiro livro, *On Death and Dying* (cf. Gill, 1980: 303; Kübler-Ross, 1997: 161), que foi e é o seu livro mais conhecido a nível mundial.

Nesta obra, Kübler-Ross defende que todos os doentes passam por vários fases emocionais[13] antes de morrer, que denominou "stages of dying", reacções emocionais também experimentadas por todas as pessoas que enfrentam uma perda:

> [...] eu percebi claramente que todos os meus doentes que estavam a morrer, de facto toda a gente que sofre uma perda, passam por fases semelhantes. Começam com o choque e a negação, revolta e raiva e, depois, a tristeza e a dor. Em seguida, discutem com Deus. Ficam deprimidos, perguntam: "porquê eu?" E finalmente retiram-se para dentro de si mesmos durante algum tempo, separando-se dos outros, e, se tudo correr bem atingem uma fase de paz e aceitação (não de resignação, o que acontece quando as lágrimas e a raiva não são partilhadas) (Kübler-Ross, 1997: 161).

---

[13] Acerca desta expressão, "fases emocionais", convém desde já dizer o seguinte. Na bibliografia consultada, os vários autores utilizam, por vezes indiscriminadamente, os termos "fases", "etapas" ou "estádios" do morrer. Ora, para o presente trabalho, utilizei invariavelmente os termos "fases" ou "etapas" em detrimento de "estádio". Penso que o termo "estádio" está muito conotado com a prática da medicina indicando-se o "estádio" em que se encontra uma doença, não me parecendo que Kübler-Ross pretendesse favorecer essa conotação. Por outro lado, penso também que o termo "estádio" poderia dar uma ideia "fixista" do que se encontra em causa, o que também iria ao revés do que pretendia a autora. Daí que, para designar as reacções emocionais pelas quais passa o doente em fase terminal, ter considerado que os termos "fases" ou "etapas" correspondiam mais ao que Kübler-Ross tinha em mente.

ITINERÁRIO BIO-BIBLIOGRÁFICO DE ELISABETH KÜBLER-ROSS

Gill refere que Kübler-Ross, conforme foi efectuando as entrevista aos doentes em fase terminal, foi-se apercebendo destas reacções emocionais: "Conforme o tempo foi passando, ela foi reconhecendo e registando as cinco fases básicas no processo de morrer, as quais não obedeciam necessariamente a uma lógica consecutiva, e frequentemente se sobrepunham: negação, raiva, negociação, depressão e aceitação" (Gill, 1980: 287).

Ainda no mesmo ano de 1969, um jornalista da prestigiada revista *Life Magazine* pretendeu realizar uma reportagem sobre os seminários *On Death and Dying* (cf. Gill, 1980: 304-305; Kübler-Ross, 1997: 165). Kübler-Ross autorizou a realização da reportagem e, ao preparar-se para mais um seminário semanal, combinou com uma jovem de nome Eva, de vinte e um anos, numa fase terminal por leucemia, que seria ela a entrevistada do auditório. O repórter Loudon Wainwrighte e o fotógrafo Leonard McCombe efectuaram a reportagem, que foi publicada no dia 21 de Novembro de 1969 (cf. Gill, 1980: 308; Kübler-Ross, 1997: 167). A publicação deste artigo na *Life Magazine* divulgou pelo mundo o trabalho de Kübler-Ross e os seminários *On Death and Dying*. Contudo, causou um certo mal-estar no *Billings Hospital*, e muitos dos colegas de Kübler-Ross viram-na como uma angariadora de doentes em fase terminal para obter publicidade. Inclusive, um dos administradores do hospital afirmou que a missão do hospital era curar as pessoas, criticando veementemente Kübler-Ross por ter publicitado o hospital através da morte (cf. Kübler-Ross, 1997: 167).

Entretanto, Kübler-Ross é surpreendida com a notícia de que a sua mãe, Emma Kübler, tivera um derrame cerebral, ficara acamada e não conseguia comunicar. Kübler-Ross e as suas irmãs conseguiram que a mãe fosse internada numa residência dirigida por freiras, numa zona perto da casa da irmã Eva, em Basileia (Suíça). A mãe permaneceu neste estado durante quatro anos, morrendo em 1974[14]. A morte da mãe vai ser um

---

[14] A mãe de Kübler-Ross faleceu a 12 de Setembro de 1974, de acordo com a única referência a este pormenor no livro da autora intitulado *Death: the Final Stage of Growth* (cf. Kübler-Ross, 1975: vi). Para um relato mais pormenorizado da doença e morte da mãe, ver a conferência que Kübler-Ross proferiu em 1985, no Edgar Cayce Foundation Virginia Beach e que está publicada num livro, que é uma compilação de conferências da autora e que se intitula *The Tunnel and the Light* (cf. Kübler-Ross, 1999: 144-148).

acontecimento marcante na vida de Kübler-Ross pois, numa dada altura, que antecedeu a doença de que viria a falecer, em conversa com a filha, a mãe pediu-lhe que, se alguma vez ficasse doente e num "estado vegetal", pusesse fim à sua existência (cf. Gill, 1980: 29; Kübler-Ross, 1997: 154). Kübler-Ross não pensou mais no assunto até ao dia em que a mãe ficou acamada e sem poder falar. Sempre se mostrara contra a eutanásia: "[...] permanece com a convicção de que nem ela nem qualquer outro tem o direito de tirar a vida a outrem que ainda possa receber e expressar sentimentos" (Gill, 1980: 296). Nestes termos, não conseguia conceber a morte a pedido por quem quer que fosse, nem que fosse a sua própria mãe. Contudo, interrogou-se porque é que Deus quis manter aquela mulher naquele estado durante quatro anos. Para Kübler-Ross, há uma explicação:

> [...] Revelou-se-me que a lição final da minha mãe fora aprender como receber afecto e carinho, algo em que ela nunca fora boa até àquela altura. A partir daí, louvei a Deus por a ter ensinado em apenas quatro anos, poderia ter demorado muito mais tempo (Kübler-Ross, 1997: 195).

Em 1970, Kübler-Ross decide abandonar o *Billings Hospital*. A situação estava insustentável desde que efectuara a entrevista para a revista *Life Magazine*. Tinha sido mesmo emitido uma ordem de serviço, alertando os clínicos para não lhe indicarem quais os doentes que se encontravam em fase terminal (cf. Gill, 1980: 309). Simultaneamente, Kübler-Ross já não tinha o apoio e a colaboração do capelão do hospital, o reverendo Gaines, que também se tinha transferido. Foi trabalhar para o *La Rabida Hospital*, em Chicago, um hospital pediátrico. Neste hospital tratou crianças com doenças crónicas e algumas na fase terminal das suas vidas. No contacto com estas crianças doentes Kübler-Ross descobriu que, sobre as questões da morte, elas eram melhores mestres do que os adultos:

> Ao contrário dos doentes mais velhos, as crianças não tinham acumulado camadas de "assuntos por resolver". Não tinham toda uma vida de relações maculadas, nem um rol de erros. Nem se sentiam compelidas a fingir que estava tudo bem. Sabiam instintivamente como estavam doentes, ou que estavam de facto a morrer, e não escondiam os seus sentimentos a esse respeito (Kübler-Ross, 1997: 182).

ITINERÁRIO BIO-BIBLIOGRÁFICO DE ELISABETH KÜBLER-ROSS

Kübler-Ross permaneceu até 1973 no *La Rabida Hospital*, a ajudar as crianças a fazer a transição entre a vida e a morte (cf. Kübler-Ross, 1997: 187). Após este período, com quarenta e seis anos de idade e com fama já adquirida devido à divulgação do seu livro *On Death and Dying* e também da divulgação do artigo da *Life Magazine*, começou a ser convidada para efectuar palestras. Mais tarde, e atendendo à sua capacidade de boa comunicadora, teve a ideia de realizar *workshops* que intitulou de *Vida, Morte e Transição (Life, Death and Transition)*. Segundo a autora, os workshops eram:

> [...] uma intensiva série semanal de grupos de leitura, entrevistas a doentes na fase terminal, sessões de P&R (perguntas e respostas) e exercícios individuais para ajudar as pessoas a ultrapassarem as lágrimas e a ira das suas vidas – aquilo que eu descrevia como os seus velhos assuntos por resolver (Kübler-Ross, 1997: 187).

A grande adesão que obteve por parte do público, assim como os resultados positivos alcançados, conduziram Kübler-Ross à realização de *workshops* por variados pontos do mundo (cf. Gill, 1980: 314-317).

É também neste período que Kübler-Ross começa a interessar-se por outro campo da tanatologia, mais concretamente as experiências próximas da morte. Os testemunhos que ouve de algumas pessoas que estiveram em estado de morte clínica e que após as intervenções médicas foram reanimadas, condu-la a acreditar numa vida para além da morte. Este facto é tanto mais importante quanto a vai marcar ao longo dos tempos e estará quase sempre presente nos seus discursos a partir de certa altura. O que se irá verificar daqui para a frente é que a autora manterá um discurso e atitudes que denunciam a ocultação da temática da morte no contexto social, apelando para a importância de nos aproximarmos dos que estão perto da morte e conhecermos as suas necessidades, havendo ao mesmo tempo a firme expressão de uma crença pessoal num além, que caracteriza como uma paz e um amor inesgotáveis. Na sua autobiografia afirma a crença numa vida para além da morte, fundamentada em algumas experiências relatadas:

> Até essa altura, eu não tivera qualquer crença sobre a vida após a morte, mas os dados convenceram-me de que aquilo não eram coincidências nem alucinações. Uma mulher, declarada morta após um acidente de carro, afir-

mou que regressou depois de ter visto o marido. Mais tarde, os médicos contaram-lhe que ele morrera num outro acidente de carro do outro lado da cidade. Noutro caso, um homem na casa dos trinta anos descreveu como tentara suicidar-se após perder a mulher e os filhos num acidente de viação. Depois de morto, contudo, viu a sua família que estava bem, e regressou (Kübler-Ross, 1997: 188).

É nesta fase que Kübler-Ross encontra uma explicação para os desenhos de borboletas que encontrou no campo de concentração de Maijdanek no ano de 1945. De acordo com a sua perspectiva, as borboletas personificavam a saída da pessoa para uma outra vida. Para Kübler-Ross, encontramo-nos dentro de um casulo que é o nosso corpo, e quando morremos desprendemo-nos do casulo e voamos como borboletas[15]. Repare-se que os prisioneiros dos campos de concentração esperavam a morte e os desenhos da borboleta representariam para Kübler-Ross essa ânsia por liberdade, mesmo que significasse a liberdade através da morte:

> Aqueles prisioneiros eram como os meus doentes que estavam a morrer e sabiam o que ia acontecer. Sabiam que em breve se transformariam em borboletas. Depois de mortos, livrar-se-iam daquele local infernal. [...] Depressa abandonariam os seus corpos tal como uma borboleta deixa o casulo. E compreendi que era essa a mensagem que queriam deixar às futuras gerações (Kübler-Ross, 1997: 170).

Foi nesta época que Kübler-Ross e o reverendo Gaines (que entretanto adoptou o nome de Mwalimu) supostamente entrevistaram cerca de 20000 pessoas com relatos de experiências próximas da morte[16]. Baseando-se nos testemunhos, Kübler-Ross identificou quatro fases do processo de pós-morte da pessoa (cf. Kübler-Ross, 1997: 190-192):

---

[15] Para Chaban, a imagem da borboleta irá influenciar a noção de morte de Kübler-Ross. Como aponta: "Nos seus trabalhos posteriores, a imagem da borboleta incorporou de uma forma metafórica a sua percepção da morte, como uma transição de uma vida para a seguinte, onde deixamos o nosso casulo ou corpo e nos dirigimos para outra vida" (Chaban, 2000: 120).

[16] Embora não seja objectivo deste trabalho efectuar uma análise acerca dos caminhos percorridos pela autora no campo das experiência próximas da morte, o/a leitor/a poderá consultar um resumo do trabalho e das ideias de Kübler-Ross a este respeito no livro de St. Clair, Marisa (1999). *O Mistério da Morte – a experiência de quase-morte*, 29-33.

1ª fase – a pessoa flutua fora do seu corpo;

2ª fase – depois de saírem dos corpos, muitos testemunhos falavam numa fase de espírito e energia em que se encontravam com anjos da guarda que os consolavam com amor e guiavam junto de familiares já falecidos;

3ª fase – guiados pelos anjos da guarda as pessoas relatavam a entrada num túnel com uma luz intensa ao fundo;

4ª fase – segundo os testemunhos, nesta fase havia o encontro com uma Fonte suprema. Segundo Kübler-Ross, alguns chamavam a esta Fonte, Deus, outros afirmavam encontrar-se rodeados de todo o conhecimento que existe, um conhecimento amoroso.

Ao debruçar-se sobre esta área, Kübler-Ross tornou-se para alguns uma *persona non grata* no campo científico. Muitos até começaram a pensar que estaria um pouco desorientada ao enveredar pelos caminhos do "misticismo" e áreas nada científicas[17].

Em 1976, Emmanuel Ross não consegue aguentar mais a pressão do trabalho da esposa, as suas ausências prolongadas para realizar *workshops* e também o seu interesse por questões pouco científicas como as relativas à possível vida após a morte. Sendo assim, torna-se insustentável manter o seu casamento e pede o divórcio, rompendo-se o casamento nesse ano.

Kübler-Ross prossegue os seus objectivos e, no mesmo ano, adquire uma quinta na localidade de Escondido, San Diego, na Califórnia, onde inaugura um Centro de Cura. Neste centro, Kübler-Ross realiza os *workshops* mensais *Vida, Morte e Transição (Life, Death and Transition)*, com a duração de uma semana, dirigidos a estudantes de medicina, enfermagem, doentes terminais e familiares. O centro adquiriu mais tarde o nome de Santi Nilaya, que significa em sânscrito "o lugar definitivo da paz". Segundo Kübler-Ross, os *workshops* que agora decorriam em lugar certo, evitando muitas viagens da autora pelo menos nos Estados Unidos, tinham como objectivo ajudar as pessoas a "[...] lidar com a vida, a morte e a transição de uma forma saudável [...]" (Kübler-Ross, 1997: 206). As

---

[17] A este propósito, veja-se a crítica acérrima e bastante negativa acerca das ideias e da crença de Kübler-Ross na vida para além da morte que se pode encontrar em Edwards, Paul (1999). *Reencarnação – um exame crítico*, 229-273.

pessoas, nos *workshops*, "[...] livravam-se dos seus assuntos por resolver, de toda a raiva e revolta que experimentavam na vida e aprendiam a viver de modo a estarem preparadas para morrer em qualquer idade" (Kübler-Ross, 1997: 225).

Até 1978 o centro prosperou, a assistência aos *workshops* quadruplicou. O centro também funcionava como fonte de ajuda para muitas pessoas pelo mundo fora, porque ajudava a instaurar sistemas de apoio a doentes terminais e acabava por ser um local de formação para profissionais de saúde e grupos de apoio a familiares no luto. O próprio centro divulgava as suas actividades através de uma folha informativa.

Contudo, no início da década de oitenta, Emmanuel Ross, ex-marido de Kübler-Ross, teve alguns problemas económicos, e como lhe pertencia parte da quinta, teve que socorrer-se da venda da propriedade para resolver a sua situação. Apesar deste triste facto, Kübler-Ross não desarma e, em 1983, adquire uma outra quinta, no condado de Highland, na Virgínia. Mas só em Julho de 1984 é que vai para lá, baptizando a quinta com o nome de *Healing Waters*. Reinicia os *workshops* e continua a proferir conferências em variados pontos do mundo.

Entretanto, na década de 80, começam a ser divulgados os primeiros casos de SIDA. Indo visitar uma casa para doentes em fase terminal, em San Francisco, onde doentes com SIDA eram cuidados com carinho e compaixão, Kübler-Ross pensa nos doentes que estão nas cadeias e que, provavelmente, não seriam cuidados com a devida atenção. Inicia então um processo de averiguação na cadeia de Vacaville, na Califórnia, e constata que para além de os serviços não saberem se têm doentes infectados, os que acabou por verificar estarem mesmo doentes não estavam a ter os cuidados mais básicos. A partir deste dado, começa um trabalho de sensibilização juntos dos responsáveis das cadeias para esta nova realidade, o que impulsionou o Departamento da Justiça dos Estados Unidos a investigar as condições em que viviam os presos com SIDA nas várias cadeias. Kübler-Ross constatou dez anos mais tarde, numa visita à mesma prisão, Vacaville, que "[...] o que foi em tempos uma terrível e desumana situação está completamente transformada num hospício para prisioneiros com SIDA, onde se encontra a compaixão" (Kübler-Ross, 1997: 247). Para Kübler-Ross, mesmo na prisão, o poder do amor ao outro gera actos de compaixão e cuidado, concluindo que o amor pode transformar a realidade adversa (cf. Kübler-Ross, 1997: 247).

Nesta linha de preocupações, Kübler-Ross recebe muitas cartas relatando casos de abandono de doentes na fase terminal de SIDA e de muitos bebés possivelmente infectados que também eram abandonados na rua. Perante esta situação, Kübler-Ross pensa em albergar na sua quinta bebés com SIDA que estivessem abandonados. Em Junho de 1985, numa palestra no Instituto Mary Baldwin de Stauton, comenta perante o auditório que tenciona receber vinte bebés infectados com SIDA na quinta *Healing Waters*. A notícia foi divulgada pelos meios de comunicação social locais e provocou uma indignação da população do condado de Highland, que não desejavam de forma alguma um contacto com a doença nas suas terras.

Começou a receber chamadas telefónicas insultuosas e foi mesmo ameaçada de morte se tentasse de facto trazer os bebés infectados para aquela localidade. Em 9 de Outubro de 1985, devido à grande confusão e alarido na comunidade, realizou-se uma reunião na cidade para uma discussão pública sobre a criação do centro de adopção de bebés infectados com o vírus da SIDA. Os resultados foram desastrosos. A população, movida pela ignorância e pelo medo, apesar da explicação dos especialistas acerca das formas de contágio, estava determinada a entravar o projecto. Assim, um ano depois, Kübler-Ross renuncia ao projecto, pois para além da oposição da população, as próprias entidades administrativas locais negavam a licença das obras para a criação do centro de acolhimento dos bebés. Contudo, não ficou parada e teve a ideia de criar uma espécie de agência de adopção de bebés infectados e abandonados. Servindo-se dos cerca de 25000 subscritores da folha informativa dos *workshops*, começou os contactos para angariar potenciais pais adoptivos. Acabou por conseguir a adopção de 350 crianças infectadas com o vírus da imunodeficiência humana (cf. Kübler-Ross, 1997: 254).

Em 1988, com 62 anos, devido ao constante trabalho e à realização de múltiplos *workshops* e conferências, foi vítima de uma síncope cardíaca em consequência de uma leve fibrilação cardíaca. Mais tarde, em Agosto do mesmo ano, foi vítima de um ligeiro derrame cerebral. Apesar destes problemas, continua o seu trabalho com alguma moderação.

Em 1990 inaugura oficialmente o *Elisabeth Kübler-Ross Center*, na quinta *Healing Waters*, que já se encontrava a funcionar com a realização dos *workshops* (no entanto, só agora tinham terminado os trabalhos de construção).

Em Outubro de 1992, Emmanuel Ross, seu ex-marido, encontra-se bastante doente, sendo submetido a uma cirurgia cardíaca. Como morava em Chicago, e aí o Inverno era muito rigoroso e poderia agravar o seu estado de saúde, Kübler-Ross aluga um apartamento para os dois em Scottsdale, no Arizona, região com um clima mais temperado. Os últimos dias de Emmanuel são passados junto da família, conseguindo superar algum mal-estar que ainda havia com Kübler-Ross.

Na quinta *Healing Waters* continuavam os *workshops*. Porém, a 6 de Outubro de 1994 ocorreu um grande incêndio que destruiu todas as instalações. Houve suspeita de mão criminosa, mas não houve provas suficientes nesse sentido. Muita gente das redondezas não simpatizava com Kübler-Ross desde que teve a ideia de levar bebés infectados com SIDA para a quinta e algumas pessoas expressavam de forma violenta a necessidade de expulsar Kübler-Ross da comunidade. O incêndio da quinta constituiu uma perda muito grande para Kübler-Ross, de tal forma que chegou a afirmar que passou pelas fases emocionais pelas quais passa um doente em fase terminal (cf. Kübler-Ross, 1997: 275).

De qualquer modo, Kübler-Ross teve de aceitar esta perda de bens materiais, especialmente os muitos documentos e relatos de doentes que ficaram destruídos com o incêndio. Com o pensamento de que destruíram a casa mas não a pessoa, desejou reconstruir toda a quinta. Contudo, o filho Kenneth, receando que da próxima vez atentassem contra a vida da mãe, persuadiu-a a sair da Virgínia.

Kübler-Ross foi então para Scottsdale, no Arizona, e encontrou uma casa no meio do deserto, onde reinava a paz e o sossego e onde se instalou. A 13 de Maio de 1995 teve uma embolia cerebral e ficou paralisada em todo o lado esquerdo do corpo. Fez tratamentos de recuperação e viveu entre a cadeira de rodas e o leito, estando dependente dos outros para as actividades mais básicas da vida. As suas faculdades cognitivas, porém, ainda estavam íntegras, de tal forma que, em Fevereiro de 1997, publicou as suas memórias, intituladas *The Wheel of Life*.

Estava à espera de fazer a sua transição da vida para a morte, tal como uma borboleta que sai do seu casulo. Contudo, pensava que a morte ainda não se tinha abatido sobre ela porque, nas condições em que se encontrava, ainda lhe faltava aprender a ter paciência e a ser submissa. Por isso, declara-se contra a eutanásia dizendo:

ITINERÁRIO BIO-BIBLIOGRÁFICO DE ELISABETH KÜBLER-ROSS

Mesmo com todo o meu sofrimento, continuo a opôr-me a Kevorkian, que tira a vida a pessoas prematuramente, só porque sofrem ou porque estão desconfortáveis. Ele não compreende que rouba às pessoas as últimas lições que terão de aprender antes de se graduarem (Kübler-Ross, 1997: 281).

Em 2000, lança o livro *Life Lessons* em co-autoria com David Kessler, seu amigo, médico e também estudioso das questões sobre a morte e o morrer. Nesse mesmo ano cria um *site* na Internet (cf. http://www.elisabethkublerross.com)[18], escrevendo regularmente cartas dirigidas aos seus amigos e admiradores, dando-lhes notícias da sua vida.

Em 2002, publica um livro com o filho Kenneth, intitulado *A Real Taste of Life*. Nesta publicação, existem algumas fotografias inéditas de Kübler-Ross, da autoria de Kenneth, assim como algumas citações de Kübler-Ross.

A sua vida também mereceu a atenção da sétima arte e, em 2002, o realizador suíço Stefan Haupt realizou um documentário baseado no percurso de vida de Kübler-Ross. O documentário tem a duração de 98 minutos e intitula-se *Elisabeth Kübler-Ross – Dem Tod ins Gesicht sehen* (em inglês *Elisabeth Kübler-Ross – Facing Death*). Pode consultar-se um resumo do documentário, bem como uma entrevista ao realizador, no *site* http://www.salzgeber.de/presse/pressehefte/ekr_ph.pdf [último acesso Fevereiro de 2011. Na sua versão inglesa, o DVD entrou no mercado em 2004[19].

Kübler-Ross, aos setenta e oito anos, resumiu da seguinte forma o seu pensamento sobre a vida e a morte:

A lição mais difícil de aprender é o amor incondicional.

Não há porque temer o morrer. Pode ser a mais maravilhosa experiência da vossa vida. Tudo depende de como tiverem vivido.

A morte não é senão uma transição desta vida para outra existência, em que não haverá mais dor nem angústia.

Tudo é suportável quando há amor.

O meu desejo é que tentem dar mais amor ao maior número de pessoas.

A única coisa que vive para sempre é o amor (Kübler-Ross, 1997: 286).

---

[18] Este *site* foi desactivado após a sua morte (2004), tendo sido substituído por: www.ekrfoundation.org

[19] Em Julho de 2004, o documentário já tinha sido visto por 250000 pessoas na Alemanha, Áustria e Suíça.

Durante o seu percurso de vida, Kübler-Ross foi agraciada com numerosos doutoramentos pelo reconhecimento do seu trabalho junto dos doentes em fase terminal[20].

A sua obra literária também é vasta, tendo acompanhado a autora ao longo das várias facetas da sua vida. Vejamos desde já, por ordem cronológica, as suas publicações, remetendo para a Bibliografia deste trabalho o resto das referências bibliográficas:

1969 – *On Death and Dying*
1974 – *Questions & Answers on Death and Dying*
1975 – *Death: The Final Stage of Growth*
1978 – *To Live Until We Say Good-bye*
1979 – *The Doughy Letter – A Letter to a Dying Child*
1981 – *Living With Death & Dying*
1982 – *Working It Through*
1982 – *Remember the Secret*
1983 – *On Children & Death*
1987 – *AIDS: The Ultimate Challenge*
1991 – On *Life after Death*
1995 – *Death is of Vital Importance*
1997 – *The Wheel of Life*

Em 24 de Agosto de 2004, Kübler-Ross fez a sua transição. Morreu pacificamente, na sua quinta, junto dos que mais amava.

Depois de termos visto como a temática do fim-de-vida esteve presente ao longo da sua existência, vamos agora entrar mais pormenorizadamente na sua obra.

---

[20] Doctor of Science – Albany Medical College, New York, 1974; Doctor of Laws – University of Notre Dame, 1974; Doctor of Science – Smith College, 1975;Doctor of Science – Molley College, Rockville Center, 1976; Doctor of Humanities – St. Mary's College, Notre Dame, 1975; Doctor of Laws – Hamline University, 1975; Doctor of Humane Letters, Amherst College, 1975: Doctor of Humane Letters, Loyola University, 1975; Doctor of Humane Letters, Bard College, 1977; Doctor of Humanities, Hood College, 1976; Doctor of Letters, Rosary College, 1976; Doctor of Pedagogy, Keuka College, 1976; Doctor of Humane Science, University of Miami, 1976; Doctor of science, Westom MA., 1977; Honoray Degree, Anna Maria College, 1978; Doctor of Humane Letters, Union College, 1978; Doctor of Humane Letters, D'Youville College, 1979; Doctor of Science, Fairleigh Dickinson University, 1979; Doctor of Divinity, 1996 (cf. www.ekrfoundation.org).

Capítulo 2
Problemáticas do Fim de Vida

2.1. Os seminários sobre a morte e o morrer

Como já vimos, o primeiro livro escrito por Elisabeth Kübler-Ross foi publicado em 1969 e intitula-se *On Death and Dying*. Nesta obra descreve as várias fases emocionais por que passa um doente em fase terminal[21]. O seu trabalho neste livro é ímpar por duas ordens de razões[22]. Por um lado, através do contacto directo com doentes em fim de vida, tenta compreender as suas necessidades. Por outro lado, e em simultâneo, denuncia o estado em que se encontra a temática da morte na sociedade em geral e nos cuidados de saúde em particular. Aliás, neste ponto concreto, pode-se dizer que a denúncia feita então continua completamente actual.

Os antecedentes do livro *On Death and Dying* remontam a 1965. Na altura, Kübler-Ross trabalhava no departamento de psiquiatria do *Billings Hospital* (Universidade de Chicago). Como ela própria descreve no livro e como também já foi referido no capítulo anterior, a certa altura foi abordada por um grupo de quatro jovens, estudantes de teologia, que queriam investigar uma das crises maiores para o ser humano:

---

[21] Doente em fase terminal é um termo cuja definição não apresenta consenso no âmbito da saúde (cf. Barón e Feliu, 1995: 1085; Jonsen, Siegler e Winslade, 1998: 24).

[22] Curiosamente Mark Kuczewski da escola de medicina da Universidade Loyola de Chicago afirmou num artigo que o melhor livro de bioética que tinha lido em 2004 foi *On Death and Dying* (1969) de Elisabeth Kübler-Ross (cf. Kuczewski, 2004: 18).

a sua morte. Perante este apelo, Kübler-Ross e os estudantes decidiram que a melhor forma de estudarem o assunto passaria pelo contacto directo com doentes em fase terminal, através de entrevistas[23]:

> [...] a melhor forma de estudar a morte e o morrer seria questionando doentes em fase terminal, estudando as suas respostas e necessidades, avaliando as reacções das pessoas que os rodeiam, mantendo a maior proximidade que eles nos permitissem (Kübler-Ross, 1969: 35).

Referência para muitos milhões de leitores, *On Death and Dying* tornou-se num clássico da tanatologia, sendo referido em inúmeras obras no campo da saúde[24]. Michèle Chaban, que efectuou um estudo crítico sobre o impacto da teoria de Elisabeth Kübler-Ross, afirma logo na sua introdução:

> Na América do Norte, cuidar a pessoa em fase terminal, foi amplamente iniciado e desenvolvido pelas teorias, princípios e pela prática ética da Drª Elisabeth Kübler Ross [...] Desde o seu primeiro trabalho *"On Death and Dying"* que chamou a atenção dos *media* há 25 anos atrás, o pensamento de Kübler Ross tem sido uma presença de peso no campo tanatológico, encorajando os cuidados paliativos nos hospitais [...] (Chaban, 2000: 1).

---

[23] Para a descrição do encontro entre Kübler-Ross e os estudantes de teologia pode consultar-se a autobiografia da autora, *The Wheel of Life* (Kübler-Ross:1997:139-146, cap. 18).

[24] Ainda hoje, há inúmeras obras que citam o trabalho de Kübler-Ross. A este respeito, veja-se, por exemplo: THOMAS, Louis-Vincent (1991). *La Mort*. Paris: PUF: Paidos, 53-57; TAYLOR, Sheley E. (1995). *Health Psycology*. New-York: McGraw-Hill. 468-472; BARROS DE OLIVEIRA, José M. (1998). *Viver a Morte: abordagem antropológica e psicológica*. Coimbra: Livraria Almedina, 125--137; SUÁREZ, Elba Elena (1998). *Cuando la Muerte se Acerca*. Caracas: McGraw-Hill Interamericana, 25-34; SANCHO, Marcos Gómez (1998). *Medicina Paliativa. La Respuesta a una Necesidad*. Madrid: Arán Ediciones, 398-407; CABODEVILLA, Iosu (1999). *Vivir y Morir Conscientemente*. Bilbao: Desclée de Brouwer, 85-101; LOPEZ-IBOR, Juan José; ALONSO, Tomás Ortiz; ALCOCER, María Inés López-Ibor (1999). *Lecciones de Psicologia Médica*. Barcelona: Masson, 591-592; OLIVEIRA, Abílio (1999). *O Desafio da Morte*. Lisboa: Editorial Notícias, 149; PACHECO, Susana (2002). *Cuidar a pessoa em fase terminal: perspectiva ética*. Loures: Lusociência, 56-57. RICE, Robyn (2004). *Prática de enfermagem nos cuidados domiciliários. Conceitos e aplicação*. Loures: Lusociência: 481-483. MARTINS, Sandra Pereira (2010). Cuidados Paliativos: confrontar a morte. Lisboa: Universidade Católica Editora, 15-18. Embora estas obras se encontrem mencionadas nas referências bibliográficas, optou-se aqui por efectuar a sua referência completa para maior comodidade do/a leitor/a.

Também Philippe Ariès, no seu livro *O Homem perante a Morte – II*, a propósito da negação da morte na sociedade actual, refere-se a Kübler-Ross como uma pioneira do movimento de introdução da morte no debate social:

> Uma mulher desempenhou certamente um papel essencial nesta mobilização porque era médica e soube impor-se aos seus pares, apesar de muitos desencorajamentos e humilhações: Elisabeth Kübler-Ross, cujo livro, *On Death and Dying*, publicado em 1969, abalou a América e a Inglaterra, onde teve uma tiragem de mais de um milhão de exemplares (Ariès, 1988: 344)[25].

On Death and Dying surgiu após dois anos e meio de entrevistas com doentes em fase terminal. O livro não é um manual sobre o modo de tratar os doentes em fase terminal, nem tão-pouco um estudo psicológico sobre a morte. Nas palavras da própria autora,

> É simplesmente o relato de uma nova e desafiante oportunidade para nos voltarmos a centrar no doente enquanto ser humano, para o incluir em diálogos, para aprender com ele quais os pontos fortes e fracos do atendimento ao doente no nosso hospital. Pedimos-lhes para serem nossos professores, de modo a que possamos aprender mais acerca das fases finais da vida, com todas as suas ansiedades, medos e esperanças. Estou simplesmente a contar as histórias dos doentes que partilharam connosco as suas agonias, as suas expectativas e as suas frustrações (Kübler-Ross, 1969: 11).

Num passado não muito longínquo, a morte ocorria no contexto domiciliário. A própria Kübler-Ross, como vimos já, relata um caso da sua infância que é paradigmático das circunstâncias da morte em casa, junto da família. Um agricultor, conhecido da família de Kübler-Ross, teve um acidente de trabalho, ficou gravemente ferido e com prognóstico de morte a curto prazo. O doente pediu para morrer em casa, falou com as

---

[25] Javier Gafo, biólogo e doutorado em Teologia, célebre pelo seu trabalho no âmbito da bioética, no seu livro *Bioética Teológica*, faz uma referência interessante e simultaneamente ilustrativa do papel de Kübler-Ross e de Philippe Ariès no âmbito da tanatologia: "Há algum tempo, este tema é motivo de profunda preocupação, no âmbito occidental, onde são nomes muito importantes as figuras de **Elisabeth Kübler-Ross** – pela sua aproximação directa à situação dos doentes na fase terminal – e **Philippe Ariès** – pelo seus estudos históricos sobre a morte na cultura ocidental" (Gafo, 2003: 261; negrito do autor).

filhas, organizou os últimos assuntos pendentes e fez o seu testamento. Ainda pediu aos amigos para o visitarem para se despedir. As crianças também se aproximavam do doente moribundo (cf. Kübler-Ross, 1969: 19). Este episódio, que marcou a infância de Kübler-Ross, é ilustrativo da forma como a morte era nessa altura encarada no contexto familiar e comunitário.

Porém, actualmente, e já no início do trabalho de Kübler-Ross, a morte ocorre longe do lar, longe da família, nas unidades hospitalares. Há, socialmente, uma negação da morte, vivendo-se numa "[...] sociedade onde a morte é vista como um tabu [...]" (Kübler-Ross, 1969: 20). A autora acrescenta que "Quantos mais são os avanços da ciência, mais parece existir medo e negação da realidade da morte" (Kübler-Ross, 1969: 21).

Para Kübler-Ross, esta ocultação da morte acontece por variados motivos. Um deles é a transição da pessoa doente para as unidades hospitalares e a ocorrência da morte nesses locais[26]. Apesar de Kübler-Ross não negar a utilidade das novas tecnologias ao serviço da saúde, denuncia o facto de os cuidados de saúde se centrarem primordialmente nas técnicas, esquecendo-se a pessoa doente, que não tem voz, mas que, obviamente, sente e reage à doença e à proximidade da morte (cf. Kübler-Ross, 1969: 21-23).

Esta crítica da autora, sobre uma certa desumanização dos cuidados de saúde, é um alerta para os profissionais se abeirarem do doente e "[...] para lhe segurarmos na mão, sorrirmos ou respondermos a uma pergunta" (Kübler-Ross, 1969: 22).

Ainda na mesma linha, Kübler-Ross questiona-se sobre se a forma como os profissionais de saúde cuidam da pessoa em fase terminal, focando-se na tecnologia e esquecendo o doente, não será uma defesa para não encararem a morte do outro e, de forma indirecta, a sua/nossa própria mortalidade.

Será a nossa concentração no equipamento, na pressão sanguínea, uma tentativa desesperada de negar a morte iminente, que é tão assustadora e

---

[26] Para Philippe Ariès, "A morte recuou e trocou a casa pelo hospital: está ausente do mundo familiar do dia-a-dia. O homem de hoje, em consequência de não a ver suficientes vezes e de perto, esquece-a [...] (Ariès, 1989: 182).

desconfortável para nós ao ponto de deslocarmos todo o nosso conhecimento para máquinas, porque elas estão menos próximas de nós do que o
rosto em sofrimento de um outro ser humano, que nos recordará mais uma
vez a nossa falta de omnipotência, os nossos próprios limites e fracassos, e,
acima de tudo o mais, a nossa própria mortalidade? (Kübler-Ross, 1969: 23).

De acordo com Kübler-Ross, as necessidades essenciais dos doentes,
actualmente, não mudaram em relação a tempos passados. A grande
mudança surgiu na incapacidade que temos para satisfazer as necessidades emocionais do doente. A morte domiciliária, acontecimento muito
frequente há cinquenta anos atrás (ou mais) nos países ocidentais mais
desenvolvidos economicamente[27], era acompanhada pela satisfação das
necessidades emocionais do moribundo. Os últimos desejos, o acompanhamento espiritual, a presença da família, entre outros, eram aspectos
que estavam presentes nos cuidados ao ser humano no fim de vida. Hoje,
a ocorrência, em grande escala, da morte em contexto hospitalar[28], exi-
giria um atendimento de todas as necessidades do moribundo, mas são
as necessidades sob o ponto de vista físico que merecem a atenção primordial dos prestadores de cuidados de saúde. Com toda a parafernália
tecnológica a que recorrem, os técnicos de saúde cuidam do corpo do
moribundo, descurando as suas necessidades emocionais. Neste sentido,
Kübler-Ross denuncia o facto de, agora, os profissionais de saúde se
encontrarem melhor preparados tecnicamente, mas ainda muito pouco
preparados humanamente para acolher o sofrimento do ser humano que
está doente e no fim de vida.

---

[27] Obviamente, está-se aqui a falar apenas em grandes tendências, pois cada país teve o seu
percurso particular nesta transferência da morte no domicílio para a morte hospitalar.

[28] Em certos países, a transferência da ocorrência da morte para as unidades hospitalares é tão
evidente que temos conhecimento que, recordando o que foi afirmado na "Introdução" deste
trabalho, 80% dos óbitos nos Estados Unidos da América ocorre em instituições hospitalares
(cf. Nuland, 1998: 341), ocorrendo algo similar em Portugal (cf. Serrão, 1998: 86). Veja-se também, a este propósito, um artigo da socióloga Vanessa Cunha, "A Morte do Outro: mudança e
diversidade nas atitudes perante a morte", que faz, para além de outros aspectos, referência à
hospitalização da morte em Portugal: "O que se verifica em termos nacionais é que se parte,
em 1969, de uma situação em que 76,6% da população morria em casa contra 17,9%, que morria no hospital, para uma situação, em 1993, de 42,6% para 47,2%, respectivamente. Esta inver-
são do local de morte registou-se em 1991, pelo que foi recente e resultante de uma evolução
gradual a modernização das atitudes face à morte [...] (Cunha, 1999: 105).

Em síntese, a morte domiciliária transferiu-se para o meio hospitalar, tornando-se o morrer um acto solitário e tecnologizado. Os próprios profissionais encontram-se envolvidos pela tecnologia e esquecem a pessoa, as suas reacções, os seus sentimentos. Como se acaba de dizer, encontramo-nos mais preparados tecnicamente, mas menos preparados psicológica e humanamente para acolher a pessoa que está doente[29]. Nas palavras de Kübler-Ross,

> Frequentemente, damos por garantido que "nada mais há a fazer" e focamos o nosso interesse no equipamento em vez de nas expressões faciais do doente, que nos podem contar coisas muito mais importantes do que a máquina mais eficiente (Kübler-Ross, 1969: 34).

Kübler-Ross também denuncia o facto de o pessoal de enfermagem andar agora muito preocupado com aspectos burocráticos, enquanto dantes passavam mais tempo com o doente. Denuncia, igualmente, o facto de os clínicos poderem saber quantos glóbulos rubros o doente tem, mas desconhecerem que o filho do doente se encontra também ele próprio doente, o que a pessoa pensa sobre a morte ou qual a sua confissão religiosa (cf. Kübler-Ross, 1974: 117). A sua crítica à desumanização

---

[29] Este é um facto que, apesar de ter sido denunciado em 1969 por Kübler-Ross, ainda se encontra presente nas nossas unidades de saúde. Vários artigos recentes denunciam esta desumanização e o mal-estar vivido nos cuidados prestados pelos profissionais de saúde à pessoa moribunda. Veja-se o que escreve Abílio Oliveira a este respeito: "O moribundo reflecte a morte ao técnico, despertando as suas incertezas, crenças e inquietando o seu saber, serenidade e maturidade. Por isso, ele tenta evitar esta situação porque: a quer ignorar; não tem tempo; pensa que o doente prefere ficar só (será a doença motivo de vergonha ou exclusão social?); sente que nada mais pode fazer; quer ter tranquilidade emocional; não quer estar próximo de alguém que vai morrer; recorda-se de um ente querido; o moribundo já se tornou um amigo; não se sente capaz de dialogar ou acha que isso não lhe compete; quer proteger-se dominando a angústia e a ansiedade que a morte (como constatação pessoal ou como sinónimo de desaire profissional) lhe provoca, etc" (Oliveira, 1999: 148-149). Ainda mais recentemente, António Barbosa refere: "Será que o hospital é um lugar para morrer? Com o desenvolvimento das tecnociências aplicadas à medicina, o hospital tradicional desliza rapidamente para se assumir determinantemente mais numa 'oficina de tratamentos' do que num local de acolhimento. Risco do anonimato, da solidão e da desapropriação, cadinho de problemas éticos decorrentes da morte não solidária (obstinação terapêutica ou eutanásia clandestina/ou morte roubada), que se substitui à compaixão, à solidariedade necessária em momentos difíceis da vida" (Barbosa: 2003: 42).

dos cuidados de saúde é tão acérrima que afirma: "Neste sistema incrivelmente sofisticado o doente torna-se muito menos importante do que os seus electrólitos" (Kübler-Ross, 1974: 117).

Contudo, uma das críticas mais cerradas que Kübler-Ross elabora relaciona-se com a escassez temporal que os programas de ensino dos futuros profissionais de saúde dedicam às temáticas do relacionamento interpessoal com a pessoa doente[30]. Neste sentido, pergunta:

> O que acontece a uma sociedade que enfatiza mais o QI e as classificações do que coisas simples como o tacto, a sensibilidade, a perceptividade e o discernimento para lidar com o sofrimento? E uma sociedade profissional em que o jovem estudante de medicina é admirado pela sua pesquisa e trabalho de laboratório nos primeiros anos, mas não têm palavras quando um doente lhe coloca uma simples questão? (Kübler-Ross, 1969: 25-26).

É a própria sociedade, com os seus modelos de formação tecnicista e com uma certa visão de omnipotência da evolução tecnológica, que conduz o ser humano a acreditar na sua imortalidade ou, melhor, a negar a morte do seu contexto diário. Esta perspectiva contribuiu para uma maior ansiedade perante a morte e para a sua rejeição do horizonte da discussão (Kübler-Ross, 1969:18-20).

Esta constatação orienta Kübler-Ross no sentido de defender a necessidade de reflectirmos socialmente sobre a morte para melhor encararmos a vida. Como afirma,

> Se bem que, cada pessoa à sua maneira, tente protelar estes problemas e questões até ser forçada a enfrentá-los, só será capaz de alterar o estado das coisas se começar a conceber a sua própria morte [...] cada um de nós sente necessidade de evitar este assunto, contudo, todos temos de o enfrentar mais cedo ou mais tarde. Se todos pudéssemos começar por contemplar a possibilidade da nossa própria morte, poderíamos realizar muitas coisas, sendo o

---

[30] Ana Paula Sapeta, num estudo sobre a formação fornecida nas escolas superiores de enfermagem portuguesas sobre cuidados paliativos e dor crónica, chega à conclusão de que a formação nesta área é insuficiente e pouco aprofundada. Na introdução do estudo afirma peremptoriamente: "As atitudes e competências para lidar com a agonia e morte, ocupam um lugar quase insignificante na formação de médicos, enfermeiros e outro pessoal de saúde, ainda que sejam justamente estes grupos profissionais que com mais frequência enfrentam a morte" (Sapeta, 2003: 25).

mais importante, o bem-estar dos nossos doentes, das nossas famílias e, finalmente, da nossa nação (Kübler-Ross, 1969: 31).

Para além de uma maior consciencialização sobre a morte humana, os
profissionais de saúde, que inevitavelmente contactarão com o morrer,
deverão ter mais formação no campo das relações interpessoais, para
conseguirem prestar cuidados de saúde mais humanos: "Se pudessemos
ensinar aos nossos estudantes o valor da ciência e da tecnologia e, simultaneamente, a arte e a ciência das relações interpessoais, o cuidado global
e humanizado ao doente, seria um verdadeiro progresso" (Kübler-Ross,
1969: 31).

Nesta linha de entendimento, Kübler-Ross, como foi já referido, iniciou
uma jornada de trabalho no *Billings Hospital*, tentando conseguir entrevistar
doentes em fase terminal no projecto de parceria com os estudantes de
teologia. Contudo, aí começaram os problemas, sobretudo a recusa dos
médicos e de outros profissionais de saúde em indicarem doentes que se
encontrassem numa fase terminal. No *Billings Hospital*, diziam-lhe que não
havia um único doente em fase terminal. Por outro lado, os médicos,
quando intensamente confrontados com a proposta de Kübler-Ross em
entrevistar doentes nestas condições, lançavam olhares de descrédito e
mudavam de assunto (cf. Kübler-Ross, 1969: 36 e Kübler-Ross, 1997: 140).

Esta foi a primeira constatação de Kübler-Ross relativamente à negação
da morte no âmbito profissional da saúde, assumindo aí a morte um carácter de tabu. Estamos em 1967 e, no âmbito da medicina, assiste-se a um
conjunto de conquistas e avanços médico-tecnológicos que justificariam
este pouco interesse pela temática da morte e dos que estão a morrer[31].

---

[31] Nas décadas de 50 e 60 do século XX, ocorreram avanços na medicina que se tornaram marcos fundamentais da sua história: 1951 – surge no mercado a primeira pílula contraceptiva;
1953 – utilização dos primeiros tranquilizantes em psiquiatria; 1953 – descoberta da vacina
contra a poliomielite; 1955 – início das intervenções cirúrgicas de coração aberto; 1958 – descoberta dos grupos tecidulares HLA; 1962 – Francis Crick y James Watson recebem o prémio
Nobel da Medicina pela conceptualização da estrutura do ADN; 1967 – primeiro transplante
cardíaco no ser humano pelo cirurgião Christian Barnard (cf. Sournia, 1995: 372-373). Muitas
destas conquistas e outras pesquisas promissoras do campo científico conduziram o cidadão
a pensar na quase omnipotência da medicina, na possibilidade cada vez mais concreta de se
retardar a hora da morte, chegando mesmo a pensar-se na possibilidade de alcançar a imortalidade.

Na procura incessante de um doente que não só estivesse numa fase terminal como acedesse a ser entrevistado, Kübler-Ross consegue um primeiro caso, no *Billings Hospital*, que se tornou uma lição de vida. Um doente convidou-a a sentar-se e conversar. Kübler-Ross recusou e explicou que apareceria no dia seguinte com os estudantes de teologia. Mesmo assim, o doente insistiu, alegando que amanhã poderia ser tarde demais. Efectivamente, na manhã seguinte o doente encontrava-se muito debilitado e quase não conseguia comunicar. Apenas conseguiu agradecer a Kübler-Ross ter tentado comunicar e, uma hora depois, morreu. Nas palavras de Kübler-Ross, o doente "[...] guardou para si próprio o que desejava partilhar connosco e o que nós, desesperadamente, queríamos aprender. Foi a nossa primeira e mais difícil lição" (Kübler-Ross, 1969: 37).

Apesar das dificuldades, Kübler-Ross foi conseguindo entrevistar, no hospital, alguns doentes em fase terminal. Inicialmente as entrevistas eram realizadas junto do doente mas, segundo Kübler-Ross, o facto de o número de estudantes ter aumentado substancialmente (para perto de cinquenta) levou-a a realizar as entrevistas num auditório. Este auditório tinha a particularidade de possuir uma pequena sala com um espelho unidireccional que permitia a observação e, simultaneamente, a audição da entrevista pela plateia, sem que a pessoa doente visse e ouvisse quem estava no auditório. No seu primeiro livro, Kübler-Ross afirma:

> Mudamos-nos do quarto do doente para uma pequena sala de entrevistas, onde a audiência nos podia ver e ouvir mas nós não conseguiamos ver o público. De um grupo de quatro estudantes de teologia, passamos a cinquenta, o que obrigou à colocação de uma janela de visão num só sentido (Kübler-Ross, 1969: 37).

Mais tarde, na sua autobiografia, para além da referência ao número de participantes, refere:

> Para acomodar os que ficavam de pé, mudei o seminário para um grande auditório, ainda que a minha entrevista com o doente em fase terminal fosse conduzida numa sala mais pequena, com um vidro duplo e sistema áudio para dar alguma privacidade" (Kübler-Ross, 1997:142).

Tanto quanto me pude aperceber da leitura que efectuei das obras de Kübler-Ross, a utilização do espelho unidireccional só foi referido nas obras anteriormente apontadas. De qualquer modo, penso que o doente tinha conhecimento desta particularidade e algumas vezes preferia enfrentar o público no auditório. Esta constatação resulta de uma afirmação da autora a propósito da reacção dos estudantes que frequentavam os seminários:

> Muitas estudantes tiveram de efectuar várias tentativas antes de se sentarem e assistirem à entrevista e à discussão e, ficaram afectados quando um doente pediu para realizar a sessão no auditório em vez de atrás do espelho (Kübler-Ross, 1969: 257).

A princípio, as entrevistas eram conduzidas apenas por Kübler-Ross. No entanto, a dificuldade em encontrar doentes em fase terminal conduziu Kübler-Ross ao capelão do hospital, que tinha indicação dos doentes ditos "desenganados":

> Foi no final de uma busca infrutífera que terminei, uma noite, no gabinete do capelão, exausta, frustrada e à procura de ajuda. O capelão do hospital partilhou então comigo os seus próprios problemas com estes doentes, as suas próprias frustrações, e a necessidade de ter alguma ajuda, e a partir desse momento juntamos esforços. Ele tinha uma lista dos doentes críticos e tinha estabelecido um contacto prévio com muitos doentes em situação muito grave; e assim a busca terminou e tornou-se numa questão de escolher os que mais precisavam" (Kübler-Ross, 1969: 255).

Kübler-Ross convidou então o capelão a juntar-se a ela nas entrevistas aos doentes em fase terminal e, a partir daí, o capelão colaborou activamente de forma complementar nos seminários. Nas palavras de Kübler-Ross, as suas abordagens complementavam-se uma à outra, ela perguntava o que se passava na cabeça do doente e o capelão inquiria o que lhe ia na alma (cf. Kübler-Ross, 1997: 148).

Desta forma decorreram os seminários *On Death and Dying*, que foram inéditos para a época e do qual resultou o estabelecimento das conhecidas fases emocionais do doente em fase terminal.

2.1.1. As fases emocionais do doente em fase terminal
A partir de mais de duzentas entrevistas efectuadas junto de doentes em fase terminal, Kübler-Ross julgou encontrar um padrão específico de

reacções psicológicas que o ser humano percorre à medida que a morte se aproxima. Concluiu, assim, que a maioria dos doentes passaria pelas seguintes fases, de forma quase sequencial:

- negação e isolamento (denial and isolation);
- raiva (anger);
- negociação (bargaining);
- depressão (depression);
- aceitação (acceptance).

Apesar de muitos doentes seguirem estas fases, Kübler-Ross afirma no entanto que "[...] estas fases não se substituem umas às outras mas podem coexistir e, em certas ocasiões, sobreporem-se" (Kubler-Ross, 1969: 264). Na mesma linha de pensamento, e quando lhe perguntam se o facto de um doente se encontrar em determinada fase e retroceder para outra significa que não superou a anterior, Kübler-Ross é peremptória:

> [...] espero que fique claro que os doentes não têm necessariamente que seguir o processo clássico desde a fase de negação, raiva, negociação, depressão e acei-tação. A maioria dos meus doentes experimentou duas ou três fases em simul-tâneo e nem sempre pela mesma ordem (Kübler-Ross, 1974: 25-26).

Independentemente desta particularidade muito importante, tantas vezes omitida em manuais sobre esta questão, Kübler-Ross apresenta no seu livro *On Death and Dying* a descrição das reacções emocionais dos doentes em fase terminal em cada uma das etapas[32].

A este propósito, João Lobo Antunes, neurocirurgião português de renome internacional, elogia o modo como Kübler-Ross descreveu as reacções perante a morte:

> O paradigma oncológico está bem explanado nos escritos de Elisabeth Kübler-Ross, que definiu os tempos da morte como o andamento de uma

---

[32] A esquematização das fases emocionais pelas quais passa o doente em fase terminal, que Kübler-Ross denominou "«stages» of dying", encontra-se explícita na sua primeira obra, *On Death and Dying*, de 1969, na p. 265. As críticas à obra de Elisabeth Kübler-Ross baseiam-se basicamente nesta esquematização (ver o último capítulo deste trabalho), que muitos deno-minaram "stage theory" ou "stage based-model". Para uma descrição resumida destas fases emocionais, veja-se Kübler-Ross (1969), 263-264 e Kübler-Ross (1974), 1-2.

sonata. A sua contribuição foi fundamental por obrigar a reflectir sobre a morte com outra coragem e lucidez e demonstrar a importância da multidisciplinaridade no tratamento destas matérias. Assim, ela descreveu cinco passos sucessivos, eu diria cinco estações de uma via-sacra, no caminho para o fim. O primeiro é a negação e o isolamento; o segundo é a revolta; o terceiro é a negociação (por vezes com Deus, sob a forma de promessas secretas ou explícitas); o quarto é a depressão, e o final é a aceitação. A análise é brilhante, apoia-se em casos ilustrativos, e não há dúvida de que todos estes passos são reconhecíveis na prática clínica, excepto quando, muitas vezes, não seguem a sequência descrita e a negação ou a revolta podem persistir, inalteradas, até ao final ou, então, a depressão inaugurar o quadro e não mais se abate (Antunes, 2002: 182).

A. 1ª fase: negação e isolamento

A primeira reacção psicológica que Kübler-Ross detectou nas entrevistas com doentes em fase terminal foi a negação. O doente, quando confrontado com a notícia de que tinha uma doença potencialmente mortal, reagia negando a própria verdade que lhe tinha sido comunicada. Kübler-Ross constatou que o doente entrava num estado de choque inicial e, logo de seguida, verbalizava a impossibilidade do acontecido.

> Entre os mais de duzentos doentes em fase terminal que entrevistamos, a maioria, quando soube que tinha uma doença terminal reagiu afirmando "Não, eu não, não pode ser verdade". Esta negação *inicial* era uma realidade para aqueles doentes a quem foi comunicada a verdade no início da doença, como para aqueles a quem não foi comunicada a verdade de forma clara e chegaram à conclusão por si próprios um pouco mais tarde (Kübler-Ross, 1969: 51).

A negação funciona como uma defesa perante a possibilidade da morte, mais ou menos próxima. O doente não quer acreditar no que está a acontecer, há uma ameaça que é necessário negar para continuar a vida. Contudo, a negação não é definitiva e muitos doentes irão ultrapassá-la e aceitarão a dura verdade. Durante o seu contacto com os mais de duzentos doentes em fase terminal, Kübler-Ross refere que apenas três permaneceram numa fase de negação até à morte (cf. Kubler-Ross, 1969: 53).

Há que referir que muitos doentes apresentam uma negação parcial, isto é, negam a doença e a sua gravidade, e contudo, permanecem internados nas instituições de saúde, continuando a efectuar os tratamentos médicos e não exercendo qualquer recusa. Um dos casos descritos por Kübler-Ross apresenta a situação de uma doente com cancro da mama que sempre recusou o tratamento cirúrgico até pouco tempo antes de morrer. Evitava relacionar-se com os profissionais de saúde, furtando-se a falar sobre a sua doença. Maquilhava-se exuberantemente e vestia-se com roupas de cores muito berrantes, numa tentativa de escamotear a situação. A sua negação era parcial porque continuava a aceitar a hospitalização e os restantes tratamentos oferecidos, e só mais tarde aceitou efectuar a cirurgia. Inclusive após o acto cirúrgico, referia-se à intervenção como algo necessário para retirar uma ferida e, desse modo, curar-se mais rapidamente (cf. Kübler-Ross, 1969: 53-54).

Refira-se que a negação poderá ocorrer noutras situações, em que o próprio doente já se encontra em fases emocionais posteriores. Não se tratará de um recuo, mas antes de uma necessidade que o próprio doente sente, imprescindível para a sua sobrevivência. Segundo Kübler--Ross, quem se abeirar destes doentes nesta fase deverá não interferir e deixar que sigam o seu curso de consciencialização da gravidade do seu estado.

No contexto da negação, o doente poderá numa fase posterior cair numa situação de isolamento pessoal:

> Habitualmente, é mais tardiamente que o doente se socorre mais do isolamento do que da negação. Pode falar sobre a sua morte e a doença, a sua mortalidade e a imortalidade, como se fossem irmãs gémeas que pudessem existir lado a lado, enfrentando a morte e continuando a manter a esperança (Kubler-Ross, 1969: 54).

No seguimento do pensamento de Kübler-Ross, a chave para cuidar dos doentes nesta fase e nas fases seguintes é sempre, e sobretudo, a escuta e a presença amiga. Não obstante podermos pensar que, de acordo com a autora, a cada fase corresponderá uma atitude ou atitudes diferenciadas por parte de quem cuida da pessoa doente, isso é algo que acabamos por não constatar na sua obra.

A propósito de uma questão que lhe foi dirigida, sobre qual deveria ser o comportamento da equipa de enfermagem perante um doente que se encontrava numa fase de negação até à sua morte, Kübler-Ross é explícita:

Tratem-no como qualquer ser humano com necessidades mas lembrem-se que algumas pessoas necessitam de permanecer em negação e isto não deve ser quebrado artificialmente simplesmente porque nós desejamos que abandonem esta etapa (Kübler-Ross, 1974: 19).

B. 2ª fase: raiva

Após um período inicial em que a negação está presente no discurso e acção do doente, este poderá enveredar por sentimentos de raiva e cólera, questionando-se intrinsecamente: "porquê eu?". Qualquer pessoa ficaria desesperada se "[...] todas as actividades da nossa vida fossem prematuramente interrompidas; se tudo o que começamos a construir ficasse inacabado, e fosse terminado por outra pessoa; [...] (Kübler-Ross, 1969: 64).

Esta fase é bastante difícil, tanto para a família, como para os profissionais de saúde. O doente vocifera críticas agressivas contra os profissionais de saúde e inclusive contra a própria família.

Os medicos não são competentes, não sabem que exames requerer, nem que dieta receitar [...] Os enfermeiros são um alvo ainda mais frequente da sua raiva. Tudo o que fazem está errado. Assim que se ausentam do quarto, a campainha toca. [...] As visitas dos familiares são recebidas com pouco agrado e expectativa, o que transforma o encontro num evento doloroso (Kübler-Ross, 1969: 64).

Para Kübler-Ross há que promover a tolerância perante as reacções de raiva do doente. Sublinha que temos que aprender a escutar o doente e aceitar os seus acessos de raiva, percebendo que se trata de uma forma de desopressão (cf. Kübler-Ross, 1969: 67).

C. 3ª fase: negociação

Segundo Kübler-Ross, esta fase é a menos conhecida, mas muito importante para o doente durante um curto período de tempo (cf. Kübler-Ross, 1969: 93). Nesta etapa, o doente abandona as reacções de raiva e adopta a estratégia de negociar mais tempo de vida, prometendo normalmente a entidades divinas mudanças de comportamento.

A maioria dos casos de negociação é feita com Deus, é mantida no segredo ou mencionada nas entrelinhas ou no gabinete privado do capelão. [...] Ficamos impressionados com o número de doentes que prometiam "uma vida dedicada a Deus" ou "uma vida ao serviço da igreja" em troca de mais algum tempo de vida (Kübler-Ross, 1969: 95).

Alguns doentes tentam obter um alargamento do seu tempo de vida para concretizarem um objectivo específico. Um caso relatado por Kübler-Ross descreve uma doente em fase terminal que fizera uma série de promessas para conseguir viver até ao dia do casamento do seu filho. Conseguiu assistir ao casamento e, nas palavras de Kübler-Ross, "Ninguém teria acreditado no seu verdadeiro estado. Ela era "a pessoa mais feliz do mundo" e tinha um aspecto radiante" (Kübler-Ross, 1969: 94).

Apesar da relativa frequência com que os doentes estabelecem promessas com Deus para adiar o seu fim, Kübler-Ross alerta para os indícios de culpa que esta reacção emocional esconderá na sua natureza. Nalgumas circunstâncias, o doente poderá estar a martirizar-se e a fazer mais promessas – ir mais vezes à igreja, tornar-se melhor mãe ou pai –, numa tentativa de remissão de erros que pensa ter cometido no seu passado. Nestas circunstâncias, para Kübler-Ross, a equipa de saúde deverá estar atenta aos sinais do doente para ajudá-lo a superar esta culpa do passado e também a culpa por não conseguir concretizar as promessas actuais (cf. Kübler-Ross, 1969: 95).

D. 4ª fase: depressão

Quando já não é mais possível negar a doença, quando o doente se encontra bastante debilitado e, mais uma vez, foi internado no hospital, poderá ocorrer uma fase de depressão.

Segundo Kübler-Ross, há dois tipos de depressão que merecem actuações diferentes por parte dos profissionais de saúde e da própria família:

> Todos as causas para as depressões são bem conhecidas por aqueles que lidam com estes doentes. [...] Se tivesse que diferenciar estes dois tipos de depressão, diria que a primeira é uma depressão reactiva, e a segunda uma depressão preparatória (Kübler-Ross, 1969: 98).

O doente poderá estar com uma depressão reactiva porque simplesmente está preocupado com os cuidados aos filhos pequenos que estão em casa, a quem não pode ajudar por se encontrar hospitalizado. Nesta situação, Kübler-Ross sugere que se incuta ânimo no doente e, no caso referido, "[...] ajudará a mãe saber que os seus filhos estão contentes a brincar no jardim do vizinho, enquanto o pai está no trabalho" (Kübler-Ross, 1969: 99). Na base da depressão reactiva encontra-se alguma tarefa e/ou compromisso que está a atormentar o pensamento do doente. A ajuda passa pela necessária escuta do problema, incutindo coragem e alento de que tudo se resolverá pelo melhor em relação às pessoas que se encontram a seu cargo. Torna-se óbvio, no entanto, que não bastará o conforto psicológico se não se resolver, de facto, o problema do doente. Penso que, apesar de Kübler-Ross não mencionar como resolver a inquietação do doente, poder-se-á certamente supor que recorreria à assistente social ou a outros recursos comunitários existentes para encontrar uma solução eficaz que, por um lado, resolvesse o problema social, e, por outro, contribuísse para o bem-estar do doente.

Noutras ocasiões, o doente poderá encontrar-se numa depressão preparatória. Com esta reacção, está a preparar-se para o seu fim, para a perda do que mais ama na vida. Nesta etapa, o silêncio e a presença amiga são fundamentais na ajuda.

> O segundo tipo de depressão é geralmente silenciosa, [...]. No pesar preparatório não há necessidade de palavras. É mais um sentimento que pode ser expresso mutuamente e que melhora com um toque na mão, uma carícia no cabelo, ou apenas uma presença silenciosa (Kübler-Ross, 1969: 99-100).

Esta depressão pode ser necessária para o doente entrar numa fase de aceitação do fim da sua vida. Em certas circunstâncias, ocorre uma dissociação entre a vontade da família em desejar a vida do seu familiar e a vontade do doente em partir. Caberá aos profissionais de saúde ajudar a família a compreender que aquilo de que o doente mais precisa naquele momento é de companhia, podendo os apelos ao ânimo e à coragem prejudicar a caminhada do familiar para o desprendimento e para a aceitação do *terminus* da vida (cf. Kübler-Ross, 1969: 100).

E. 5ª fase: aceitação
Esta fase representa o culminar de todas as reacções emocionais do doente em fase terminal. É um "baixar das armas", uma rendição perante a iminência da morte. Para Kübler-Ross, muitos doentes, quando ajudados, alcançarão esta fase, apresentando uma necessidade de acompanhamento em que a comunicação verbal é quase nula.

Na descrição de Kübler-Ross, o doente nesta fase encontra-se,

> Cansado e, na maior parte dos casos consideravelmente fraco. Terá necessidade de dormir com frequência e por períodos curtos [...] Isto não é um sono de recusa ou um período de descanso para alívio da dor, desconforto ou prurido. Há uma necessidade cada vez maior para aumentar o número de horas de sono muito semelhante ao do recém-nascido, mas no sentido inverso (Kübler-Ross, 1969: 124).

A presença junto do doente em fase terminal, nesta etapa, é muito rica emocionalmente e também significa o seu não abandono. O próprio doente "[...] Poderá fazer um gesto com a mão a convidar-nos a ficar junto dele durante algum tempo" (Kübler-Ross, 1969: 124). O estar ao lado do doente conduzirá a pensar que "[...] não fica abandonado quando já não consegue falar e o toque, o olhar, e o gesto de ajeitar a almofada, podem dizer mais do que muitas palavras 'cuidadosas' (Kübler-Ross, 1969: 124).

É convicção de Kübler-Ross que o doente em fase terminal que foi ajudado alcançará a aceitação e morrerá em paz. Nas suas entrevistas verificou que aqueles a quem foi possibilitado exteriorizar os medos, a raiva e a ansiedade, apresentam um percurso mais facilitado até à aceitação. Também os mais idosos, que têm uma vida construída, com filhos já adultos, com uma situação profissional já percorrida e que olham para o passado com saudade mas com a sensação de ter cumprido a sua missão, necessitam de menos ajuda e alcançam a fase de aceitação mais rapidamente.

Não obstante as dificuldades em alcançar a fase de aceitação, Kübler-Ross é peremptória: "Vimos a maioria dos nossos doentes a morrer numa fase de aceitação, sem medo ou desespero" (Kübler-Ross, 1969: 130).

Para além disso, a esperança, como veremos em seguida, apresenta-se como um denominador comum às várias fases emocionais.

2.1.2. O cunho da esperança
Em todas as fases descritas pela autora há um traço comum que está presente em todos os doentes. Segundo Kübler-Ross,

> Ao escutarmos os doentes em fase terminal, ficamos sempre impressionados com o facto de que mesmo aqueles que eram mais resignados, mais

realistas deixaram em aberto a possibilidade de uma cura, a descoberta de uma nova droga [...] (Kübler-Ross, 1969: 148).

A esperança é um sustentáculo para os doentes num nível tal que permite que se sujeitem a mais e mais exames médicos, sempre com a expectativa de encontrarem uma derradeira cura para os seus problemas de saúde. Esta esperança poderia assumir variadas formas, como constatou Kübler-Ross:

> Pode surgir sob a forma de uma nova descoberta, de uma nova criação na pesquisa laboratorial, de uma nova droga ou soro pode surgir, sob a forma de um milagre de Deus ou da revelação que o raio-x ou a lámina da biópsia pertença a outro doente. [...] mas é esta esperança que deve ser mantida, concordemos ou não com a forma como ela se manifesta (Kübler-Ross, 1969: 264).

Para além desta defesa de manutenção da esperança do doente, Kübler-Ross constatou que, quando deixavam de apresentar sinais de esperança, encontravam-se preparados e, pouco tempo depois, morriam. Para além deste facto, Kübler-Ross também evidenciou dois tipos de esperança: a esperança inicial, que está relacionada com a possibilidade de encontrar-se uma terapêutica curativa, e uma esperança tardia, de curto prazo, que o doente sente quando se apercebe de que a terapêutica já não é eficaz e envereda então por uma esperança numa vida após a morte e/ou uma esperança dirigida para as pessoas que irá abandonar a curto prazo. Kübler-Ross exemplifica:

> [...] uma jovem mãe que se encontrava numa fase terminal alterou a sua perspectiva de esperança pouco antes de morrer com a seguinte expressão, 'eu espero que o meu filho consiga'. Outra mulher, que era religiosa, disse-me, 'eu espero que Deus me receba no Seu jardim'" (Kübler-Ross, 1969: 158).

Ainda a propósito da esperança, Kübler-Ross refere alguma conflitualidade que, por duas razões básicas, poderá ocorrer entre a pessoa doente e as pessoas que a rodeiam:

- quando os profissionais de saúde e a família já não acreditam na cura e o doente ainda precisa que lhe acalentem alguma esperança para continuar a viver e não se sentir desamparado;

– quando a família se agarra a uma esperança férrea e é incapaz de aceitar o fim do seu ente querido numa altura em que o próprio doente já não espera mais nada excepto o seu fim (cf. Kübler-Ross, 1969: 149; Kübler-Ross, 1974: 81).

Para Kübler-Ross, esta conflitualidade seria evitada através do acompanhamento do doente, isto é, mesmo quando a situação é profundamente grave e não há perspectiva de cura, há que afirmar junto dele: "Segundo os meus conhecimentos, fiz tudo o que podia para o ajudar. No entanto, continuarei a cuidá-lo para o manter o mais confortável possível" (Kübler-Ross, 1969: 150).

Ainda na mesma linha, Kübler-Ross indica-nos outro aspecto essencial no bem-estar da pessoa em fase terminal: a comunicação sobre a morte. Numa primeira abordagem, pensaríamos que os doentes em fase terminal não desejam falar sobre a morte. Contudo, Kübler-Ross revela-nos o contrário:

> Todos expressaram o seu apreço por partilharem connosco as suas preocupações acerca da gravidade da sua doença e das suas esperanças. Não consideraram a discussão acerca da morte e do morrer, prematuro ou contraindicado na perspectiva das suas recuperações. [...] Muitos pediram-nos para se encontrarem com a família na nossa presença, para deixarem de lado as aparências e desfrutarem as últimas semanas juntos e de forma plena (Kübler-Ross, 1969: 150).

Deste modo, Kübler-Ross defende com veemência a ideia de falarmos sobre a morte e o morrer nas nossas vidas, não escamoteando o tema:

> Podia ser facilitador se mais pessoas falassem sobre a morte e o morrer como uma parte intrínseca da vida [...] Se isto acontecesse mais vezes, não teríamos de nos questionar se devemos introduzir este tópico com o doente, ou se devemos esperar pelo último internamento (Kübler-Ross, 1969: 150).

A sua convicção neste ponto é suficientemente forte para a levar a pensar que faremos mais mal em evitar abordar a temática do que em disponibilizarmos tempo para ouvirmos e partilharmos o assunto, especialmente junto de alguém que está próximo da morte. Muitos dos moribundos desejam comunicar, partilhar sentimentos ou simplesmente desabafar, e quando nos sentamos ao seu lado e nos dispomos a ouvi-los, a reacção é de alívio e de maior esperança.

A experiência que, como profissional de enfermagem, pude obter durante cerca de sete anos, permite-me confirmar estas afirmações de Kübler-Ross. De facto, os doentes em fase terminal são ávidos de relação humana e temem o abandono. O estabelecimento de uma relação mais profunda com alguém é o ponto de partida para a compreensão das necessidades do doente e a garantia de que a pessoa não é abandonada[33].

Contudo, a situação que se vive nas unidades de saúde actuais não é animadora, isto é, os cuidados prestados à pessoa no fim de vida não estão acompanhados pelas ideias de Kübler-Ross. Esta situação é devida em grande escala ao escamoteamento da morte do discurso da sociedade. Na senda do que foi afirmado por Kübler-Ross, é imprescindível falarmos da morte como algo intrínseco à vida.

> Exorcizar ou ignorar a morte, gera uma sociedade neurótica e traumati-zada, enquanto que pensar no sentido da vida e da morte, e assumi-la como constituinte natural da vida, conduz à maturidade e ao equilíbrio (Barros de Oliveira, 1998: 18).

Este é um ponto crucial para a nossa sociedade, reintroduzir a morte no seio da comunidade. Como nos afirma Hennezel, é necessário "Uma sociedade que, em vez de negar a morte, aprenda a integrá-la na vida" (Hennezel, 1997: 13).

Partilhamos da ideia que Herbert Hendin, a propósito do suicídio assistido, expressa no seu livro *Seduced By Death*, de forma categórica:

> Necessitamos de cursos públicos de como lidar com a última fase da vida – cursos que abranjam vários aspectos, desde o envelhecimento à doença ter-minal, aos testamentos vitais e ao direito à sedação se a dor for intratável. Esse tipo de processo educativo necessitaria do envolvimento de entidades públicas bem como de advogados, eticistas e médicos (Hendin, 1998: 248).

---

[33] Para uma visualização actual do morrer e das necessidades dos moribundos, veja-se p.ex. HENNEZEL, Marie (1997). *Diálogo com a morte*. É um relato acerca dos que morrem nas unidades de cuidados paliativos. Algumas das descrições concordam com as ideias de Kübler-Ross, nomeadamente as que dizem respeito à necessidade de comunicação, relação e acompanha-mento do doente em fase terminal.

PROBLEMÁTICAS DO FIM DE VIDA

Esta situação é mais grave quando pensamos sobre a nossa morte ou quando somos atingidos pela morte de algum ente querido e nos confrontamos com a fragilidade, o efémero do nosso ser e revisitamos as nossas dúvidas mais profundas. Afinal, o que somos? Porque morremos? Haverá vida após a morte? Penso que na impossibilidade de comprovarmos cientificamente a vida para além morte, pelo menos temos a possibilidade de compreender o morrer e ajudar os que estão próximos da morte. Contudo, não esqueçamos que os que morrem têm família e amigos, e esses também deverão ser um epicentro de cuidados.

2.1.3. A família como alvo de atenção

Kübler-Ross, ao focalizar a sua atenção primordialmente sobre o doente em fim de vida, não esqueceu a família[34]. Apesar de no seu livro *On Death and Dying* a família se encontrar sempre indicada e implicada de forma natural nas descrições apresentadas, Kübler-Ross dedica mesmo um capítulo apenas à família, o capítulo IX. A importância da família é assim tal que a autora indica que

> Não conseguimos ajudar o doente em fase terminal de forma eficaz se não incluirmos a sua família. Ela desempenha um papel fulcral durante o período da doença e as reacções familiares contribuirão em muito para a resposta do doente ao percurso patológico (Kübler-Ross, 1969: 165-166).

Kübler-Ross aponta alguns problemas que a família poderá enfrentar durante o processo de doença do seu familiar e também após a morte. Uma das situações mais difíceis tem que ver com a reestruturação da família quando um elemento está hospitalizado e apresenta um processo de doença terminal. Neste caso particular, Kübler-Ross descreve um conjunto de situações práticas que, entre outras, abrangem problemas económicos, quando o membro da família que está doente é o garante financeiro de toda a rede familiar; dificuldades domésticas no caso do marido

---

[34] Note-se que a bibliografia actual sobre cuidados paliativos apresenta sempre um capítulo dedicado aos cuidados à família do doente em fase terminal. Veja-se p.ex., SANCHO, Marcos Gómez (1998). *Medicina paliativa. La respuesta a una necesidad*, 481-504; ASTUDILLO, Wilson; MENDINUETA, Carmen; ASTUDILLO, Edgar (2002) (org.). *Cuidados del enfermo en fase terminal y atención a su família*, 381-408.

EDUCAR PARA A MORTE

que se vê confrontado com um conjunto de tarefas do lar que, até aqui, estavam entregues à sua esposa (como é óbvio, no caso de morte do marido, será a esposa a ter outro tipo de problemas); e dificuldades das crianças em conseguirem viver razoavelmente com a doença e eventual morte do pai ou da mãe (cf. Kübler-Ross, 1969: 165-167)[35]. Este apontamento de Kübler-Ross sobre a família traduz um dos aspectos que foram realçados nas entrevistas que efectuou junto dos doentes em fase terminal (cf. Kübler-Ross, 1969: 187-245). As entrevistas revelaram, por um lado, uma preocupação do doente com os seus familiares, constatando-se, por outro lado, uma readaptação da rede familiar às novas circunstâncias da vida.

A família que cuida do doente em fase terminal sofre um desgaste físico e psicológico muito grande. Neste caso, Kübler-Ross pensa que esta tem uma necessidade imperiosa de renovar energias e não estar constantemente a cuidar do seu familiar e a pensar na morte (cf. Kübler-Ross, 1969: 167). De uma forma veemente, Kübler-Ross afirma que: "É cruel esperar a constante presença de um membro da família" (Kübler-Ross, 1969: 167)[36]. Há um incentivo à família no sentido de procurar momentos de lazer ou distracção para compensar o constante desgaste de cuidar alguém em final de vida (cf. Kübler-Ross, 1974: 48). Este acto não pode ser visto de forma culpabilizadora, isto é, como um abandono do familiar, mas antes como um factor equilibrador, pois "[...] a família deveria gerir a sua energia moderadamente e não se exceder ao ponto de entrar em colapso na altura em que é mais necessária" (Kübler-Ross, 1969: 167). A necessidade de as famílias, nestas circunstâncias, viverem de acordo

[35] Relativamente aos problemas que a família enfrenta quando confrontada com a doença de um dos seus elementos, veja-se por exemplo António Barbosa, professor de Psiquiatria da Faculdade de Medicina da Universidade de Lisboa, num artigo recente, a propósito da morte nos cuidados de saúde: "Para a família surgem também importantes alterações estruturais, económicas, psicológicas e sociais, acompanhadas por um cansaço progressivo (pelo abandono do trabalho habitual, pela presença de cuidados de higiene, alimentares, mobilização, entretenimento, escuta, informação, numa catadupa de crescente responsabilização), que pode levar ao 'esgotamento' angustiado, ao medo de não estar a fazer bem ou o suficiente, acoplado ao medo de perder o ente querido, ao medo de contágio ou de vir a sofrer no futuro da mesma situação" (Barbosa, 2003: 43).

[36] Therese A. Rando, psicóloga que tem alguns trabalhos na área da morte, perda e luto, considera esta ideia fundamental e inclusive cita Kübler-Ross nos seus escritos (cf. Rando, 1984: 331).

com estas normas, é de facto ainda pouco referida na literatura actual sobre os cuidados em fim de vida. Há referências às necessidades da família, mas são centradas nos problemas dos doentes. Vejamos, por exemplo, o que nos diz Rosemary McIntyre, do *Head of Studies*, na Escócia, referindo as situações em que o *stress* dos familiares diminui:

- ter o doente confortável e com alívio de sintomas
- ter actualizações regulares junto dos enfermeiros e médicos
- os cuidadores conhecerem e darem-se a conhecer ao doente e à sua família
- o doente ter um "estatuto especial" junto do staff
- existir um carinho e uma relação amigável com o staff
- ter um lugar reservado para descansar perto do doente
- o quarto estar protegido do ruído
- haver apoio à família e amigos mais próximos
- ter acesso à assistente social e ao apoio pastoral (McIntyre, 1999: 208).

Nestes pontos não há referência à promoção dos tempos de lazer/distracção da família, o que torna as palavras de Kübler-Ross inéditas para a época e, simultaneamente, actuais. Verificamos que, pelo menos em Portugal, a família que cuida de um doente em fase terminal poucas alternativas sociais tem para pedir a alguma instituição ou organismo que cuide, nem que seja apenas por algumas horas, do seu familiar, enquanto vai ao cinema, ao teatro, ou simplesmente enquanto vai passear para reduzir o *stress*. Mesmo quando essas instituições existem, os preços que praticam são tão elevados que só famílias muito ricas poderiam recorrer aos seus serviços. Isto é dramático, porque poderá, em algumas situações temporalmente mais longas e emocionalmente mais pesadas, conduzir à exaustão do/a cuidador/a familiar. A este propósito, Wilson Astudillo, neurologista e Carmen Mendinueta, médica, ambos membros fundadores da *Sociedad Vasca de Cuidados Paliativos*, afirmam que

A familia encontra-se por vezes stressada por cuidar um ente querido doente, tanto na fase crónica como na terminal. A nova situação muda a vida dos cuidadores, na sua maioria mulheres que deixam o seu trabalho remunerado para assistirem estes doentes e renunciam com frequência às férias e a actividades sociais [...] O cuidador de um doente crónico realiza uma actividade para a qual previamente não tem preparação e padece com frequência de uma sensação de intenso isolamento (Astudillo e Mendinueta, 2002: 519).

Neste rumo, Therese Rando, psicóloga clínica nos Estados Unidos da América, pensa que os profissionais de saúde estão numa posição favorável para incentivar os familiares que cuidam de uma pessoa doente a efectuarem um intervalo no seu cuidado, exemplificando deste modo:

> [...] É por vezes benéfico encorajar os membros da família a irem para casa e descansarem, tomarem um banho, mudarem a rotina e, depois regressarem e estarem junto do doente. [...] Dar esta permissão aos familiares pode ajudar a prevenir a exaustão emocional e social, que pode ocorrer especialmente perto do fim de vida do doente quando os familiares querem manter-se mais vigilantes (Rando, 1984: 332).

Outro problema grave referido por Kübler-Ross e em que a família se vê envolvida é o da falta de comunicação. Kübler-Ross refere-se explicitamente à conspiração de silêncio que é muito frequente entre a família e o doente, escamoteando-se a situação terminal e a morte, convivendo-se como se nada de grave existisse no seio familiar. A este propósito, Kübler-Ross refere o caso de um marido que, consciente do seu pouco tempo de vida, apelava a todos que não contassem à esposa o que se passava, pois constituiria um grande sofrimento para ela. Por outro lado, quando falaram com a esposa, ela enveredou pelo mesmo discurso, não querendo que o marido soubesse que ela sabia a verdade, para lhe poupar mais sofrimento. Mais tarde, o capelão sugeriu que falassem abertamente sobre o assunto, conseguindo assim comunicar e, desta forma, resolver alguns assuntos até ali pendentes pelo interdito criado em torno da situação (cf. Kübler-Ross, 1969: 168).

Kübler-Ross apela, portanto, à comunicação franca entre a família e o doente como forma de evitar mal entendidos e sofrimento acrescido. Em muitas circunstâncias, a culpa anda a par com as questões da morte e muitos familiares, especialmente as esposas de doentes em fase terminal, culpam-se de não terem levado o doente mais cedo ao médico. Contudo, os profissionais de saúde podem ser de grande ajuda a essas pessoas, ao proporcionar-lhes estratégias de alívio do sentimento de culpa, escutando-as e tentando perceber qual a razão que está na base desse sentimento (cf. Kübler-Ross, 1969: 169).

Kübler-Ross está persuadida, mais uma vez, que só acontecendo uma verdadeira comunicação entre as pessoas acerca das questões da morte

PROBLEMÁTICAS DO FIM DE VIDA

e, neste caso, entre o casal, no caso de um estar em fase terminal, ocorrerá uma maior aproximação e diminuirá a percentagem de problemas somáticos e psicológicos existentes em viúvos e viúvas pela não superação de sentimentos de culpa e pesar (cf. Kübler-Ross, 1969: 169-170).

A este propósito, Therese Rando relata um estudo de C. Parkes de 1964[37], em que, seis meses após a morte dos maridos, um grupo de viúvas, em Londres, rondando a idade dos sessenta e cinco anos, consultavam o psiquiatra três vezes mais do que anteriormente e tomavam sedativos sete vezes mais do que no período que precedera a morte dos maridos. Refere ainda que, para além da depressão, que é o quadro patológico mais comum entre as pessoas que sofrem a morte de um ente querido, outras desordens neuróticas foram identificadas, como fobias, obsessões, hipocondríase e conversões (cf. Rando, 1984: 70).

Kübler-Ross aponta algumas soluções para diminuir/prevenir estes problemas. Para além do incentivo à comunicação já apontada, fala-nos da necessidade de existirem salas ou outros locais para a acomodação dos familiares nos hospitais, permitindo-lhes acompanharem mais de perto os familiares no fim de vida. Em certas situações, são as próprias normas institucionais que dificultam e mesmo causam sofrimento acrescido aos familiares. Um caso descrito por Kübler-Ross refere a ansiedade e o mal-estar do Sr. Y (assim mesmo designado pela autora), idoso, que vê a sua esposa, também ela idosa, numa unidade de cuidados intensivos. Eram pessoas simples, agricultores, que não conheciam a grande cidade e agora enfrentavam o internamento numa unidade hospitalar. A esposa estava rodeada de toda a sofisticada maquinaria médica e com tubos por todo o lado, só sendo permitida uma visita de cinco minutos em cada hora. Neste cenário, o Sr. Y estava perdido, desesperado e sozinho, assistindo desta forma à perda da esposa, que o acompanhara durante décadas (cf. Kübler-Ross, 1969: 172-174). Por isso, a autora apela:

> Assistentes sociais e capelões deveriam estar disponíveis, com tempo suficiente para os familiares, e os médicos e enfermeiros deveriam visitar frequentemente estes quartos para que a família lhes colocasse questões e preocupações (Kübler-Ross, 1969: 174).

---

[37] PARKES, C. M. (1964). "Effects of bereavement on physical and mental health – A study of the case records of widows". *British Medical Journal*, 2, 274-279.

Este acompanhamento da família, incentivado por Kübler-Ross, deriva do facto de a autora pensar que a família experimenta fases de adaptação à doença e fase terminal similares às do doente (cf. Kübler-Ross, 1969: 176-177).

A propósito dos familiares de vítimas de acidentes, Kübler-Ross afirma que:

> Os familiares das vítimas de acidente têm que passar pelas mesmas fases que os doentes em fase terminal. Inicialmente, estarão numa fase de choque e negação seguido muitas vezes de uma tremenda raiva contra quem provocou o acidente, o condutor de ambulância ou o pessoal das urgências por não ter salvado a vida do doente. Depois passarão por um breve período de negociação e uma fase prolongada de depressão e, se tudo correr bem, aceitarão a morte (Kübler-Ross, 1974: 140).

Perante este facto, Kübler-Ross pensa que podemos ajudar os familiares ouvindo-os e deixando que extravasem as suas emoções. Uma das fases mais difíceis é a aceitação por parte do doente do seu inevitável fim e a incompreensão revelada pela família perante esta atitude. O doente está em paz e encontra-se preparado para morrer, pede poucas visitas, cercando-se das pessoas mais significativas, um grupo restrito ou mesmo só uma pessoa, mas a família não compreende esta posição. Como ilustra Kübler-Ross, " É durante este tempo que a família mais necessita de apoio [...] (Kübler-Ross, 1969: 177). Há necessidade de explicar à família esta etapa do seu familiar para evitar problemas como os descritos por Kübler-Ross no caso da Sr.ª W, em que o marido não compreendia como era possível que a morte da esposa fosse para ela um alívio e, por outro lado a Sr.ª W tivesse afirmado que não estava pronta para morrer se não soubesse que o marido aceitava a sua partida. Através de um diálogo franco com o marido, a equipa dos seminários conseguiu que este aceitasse a morte da esposa e os dois partilhassem os sentimentos desta fase (cf. Kübler-Ross, 1969: 125-130).

Um outro exemplo emblemático que Kübler-Ross descreve é o caso do Sr. P. Tratava-se de um homem na década dos cinquenta anos, casado e com um historial de cancro no estômago com metástases nos pulmões. Estava na fase final de vida, estava ciente do seu estado e aceitava a morte, contudo não conseguia morrer porque existia por parte da família e também dos profissionais de saúde uma recusa em aceitar a sua morte.

PROBLEMÁTICAS DO FIM DE VIDA

Kübler-Ross, nos encontros que teve com este homem, cita uma frase do doente que é paradigmática do desencontro entre a vontade do doente e a da família:

> "Os enfermeiros chegam e dizem o que tenho que comer senão fico fraco, os médicos chegam e falam-me de um novo tratamento, e esperam que eu fique contente com esta notícia; a minha esposa chega e fala-me do trabalho que é suposto eu fazer quando tiver alta, e a minha filha apenas olha para mim e diz, 'Tens que ficar bom' – Como é que um homem pode morrer em paz desta maneira?" (Kübler-Ross, 1969: 182).

Este desencontro pode também conduzir ao "encarniçamento terapêutico"[38], isto é, a vontade da família de que o seu familiar continue vivo poderá conduzir os profissionais de saúde a recorrerem a todas as tentativas terapêuticas para mantê-lo em vida. Ora, Kübler-Ross é contra a atitude dos profissionais de saúde em promoverem o encarniçamento terapêutico. Por isso, apela à não intervenção médico-cirúrgica quando o fim é esperado a muito curto prazo e não há perspectivas de cura[39]. Para Kübler-Ross, o encarniçamento terapêutico[40] lesa o direito do doente a

---

[38] Os termos "encarniçamento terapêutico", "obstinação terapêutica" ou ainda "distanásia", significam um "[...] prolongamento do processo do acto de morte, por meio de tratamentos que apenas têm o objectivo de prolongar a vida biológica do paciente" (Abel, 2001: 314). Para Salvino Leone, a obstinação terapêutica corresponde à "[...] insistência no recurso a defesas médico-cirúrgicas não incidentes em medida significativa sobre o natural e irreversível percurso da doença nem sobre uma melhor qualidade de vida do paciente" (Leone, 1997: 61). Para um aprofundamento desta temática, veja-se, por ex., PESSINI, Leo (2001). *Distanásia: até quando prolongar a vida ?*; Macedo, João Carlos G. M. (2010). "A Morte Adiada " (ver Referências Bibliográficas)

[39] Para se perceber a actualidade desta temática, veja-se o que Abílio Oliveira, em 1999, escreveu a este propósito: "Ainda que exista um prognóstico claro de um paciente, prefere alimentar-se a ilusão da 'morte incerta' [...]. E assim podem sujeitar-se pessoas que já não têm possibilidades de cura pelos métodos disponíveis, a tratamentos extremamente dolorosos, que agravam dramaticamente a sua aparência e o seu estado de saúde, como acontece nalguns casos de cancro – uma terrível causa de morte" (Oliveira, 1999: 143).

[40] A propósito do prolongamento da vida, Kübler-Ross dedica o capítulo cinco do seu livro *Questions & Answers on Death and Dying*, 1974, a esta temática. Constitui um conjunto de perguntas de várias pessoas à autora e a respectiva resposta de Kübler-Ross, como reanimar ou não reanimar, continuar ou suspender terapêuticas agressivas na fase terminal.

morrer em paz e dignamente (cf. Kübler-Ross, 1969: 183). Nesta matéria, quando questionada se um doente em fase terminal deve ser ou não reanimado, responde:

> Se há alguma possibilidade de sobreviver com algum grau de autonomia e capacidade para expressar e receber sentimentos, reanimaria com todos os meios ao meu alcance. Se se trata de um doente oncológico em estado avançado, não reanimaria (Kübler-Ross, 1974: 77).

Contudo, o acto de recusar o uso de terapêuticas que não irão alterar o curso natural da doença ou melhorar a qualidade de vida da pessoa, não significa abandonar a pessoa em fase terminal, mas é antes sinónimo de

> [...] recusa de prolongar demasiado e com meios exagerados a agonia, uma recusa de atormentar o paciente com meios que não incidem significativamente no seu bem-estar mínimo e aceitável, uma recusa de praticar terapias ousadas com probabilidades mínimas de sucesso (Leone, 1997: 61).

Neste domínio, Kübler-Ross pensa que o doente tem direito a decidir sobre as técnicas/procedimentos médicos que eventualmente poderão ser-lhe aplicadas[41]. Quando os doentes têm as faculdades mentais intactas, " Os seus desejos e opiniões devem ser respeitados [...], e deixá-los decidir acerca de futuras intervenções e tratamentos" (Kübler-Ross, 1969: 183).

Contudo, apesar dos desencontros entre a família e o doente, Kübler-Ross afirma que é após a morte do seu familiar que as necessidades são mais exuberantes. A ajuda passaria pelo acompanhamento da família por uma pessoa amiga, a quem pudessem exprimir as emoções e sentimentos

---

[41] Esta ideia de Kübler-Ross conduz-nos ao princípio da autonomia, que aliás encontra grande aceitação e uma forte desenvoltura no plano da ética dos cuidados de saúde nos Estados Unidos da América. O doente tem direito a decidir sobre os cuidados de saúde e os profissionais terão que informar o doente sobre todas as possibilidades do tratamento e consequências da não adesão a qualquer plano terapêutico. Na Europa, com uma cultura diferente, os doentes muitas vezes não são informados sobre a sua situação de saúde, em parte ou na sua integralidade, especialmente se se tratar de doenças graves que conduzirão à morte a curto prazo. A prática clínica ainda se encontra envolvida num paternalismo que dificulta o exercício da autonomia do doente, ver, por ex., SERRÃO, Daniel (1996). "Consentimento Informado", 78-81.

de culpa, vergonha ou medo que se podem instalar após a morte do ente querido[42]. Como indica Kübler-Ross:

> [...] deixem a família falar, chorar ou gritar, se for necessário. Deixem-na partilhar e manifestar-se, mas estejam disponíveis. [...] devemos tentar entender as suas necessidades e ajudar os familiares directos a orientar essas necessidades construtivamente para diminuir a culpa, a vergonha ou o medo do castigo (Kübler-Ross, 1969: 186).

Repare-se que é, de facto, após a morte do seu familiar, que a família, especialmente a mais próxima e que até cuidou do doente, tem mais problemas emocionais.

Todas as problemáticas que até agora se descreveram foram fruto do desenvolvimento dos seminários *On Death and Dying*. Contudo, como veremos seguidamente, estes seminários desencadearam um conjunto de reacções significativas que convém enunciar para entendermos melhor o contexto em que se desenvolveram.

2.1.4. As reacções aos seminários sobre a morte e o morrer

O início da realização dos seminários não foi pacífico. Para além da dificuldade em encontrar um doente em fase terminal, como referi no capítulo anterior, houve que lidar com as inevitáveis dificuldades colocadas pelos profissionais que trabalhavam na instituição. O inédito das entrevistas, juntamente com uma postura profissional marcadamente avessa às questões da morte e do morrer, contribuíram para um manancial de

---

[42] Num estudo de Janice Winchester Nadeau, de 1998, tese de doutoramento apresentada na Universidade do Minnesota acerca do significado que atribui a família à morte de um ente querido, uma das conclusões vem ao encontro do que afirma Kübler-Ross: "Este estudo demonstrou que a ausência de um significado para a morte, que ajudará os membros da família na resolução da sua perda, pode ser causada por um(uns) inibidor(es), como por exemplo, a não comunicação entre os elementos da família, a deficiente informação, a necessidade de se protegerem a si e aos outros de pensamentos e sentimentos dolorosos, um alto nível de negação, e um alto nível de vergonha acerca de eventos familiares do passado. Trabalhar com a família um destes assuntos poderá ajudá-los a comunicarem entre si, a construírem um significado que facilitará a resolução do pesar, a amparem-se mutuamente, ou a encontrar conforto e perceberem que os outros membros da família pensam e sentem da mesma forma" (Nadeau, 1998: 242).

reacções, especialmente negativas, perante a ideia de entrevistar doentes em fase terminal. Como constata a autora:

> Médicos, enfermeiros, sacerdotes, assistentes sociais e outros profissionais de saúde receberam – até agora – muita pouca ajuda e formação para cuidar doentes críticos ou em fase terminal. O nosso seminário *On Death and Dying* começou em 1966, e naquela época era o único seminário interdisciplinar no país que preparava os profissionais de saúde para cuidar doentes em fase terminal. Não é de estranhar que o pessoal hospitalar tivesse algumas dúvidas acerca das suas funções específicas. Muitos tinham medo de "envolver-se demasiado", outros ficavam chocados pelo facto do pessoal dispensar "excessivo tempo" com doentes em fase terminal quando seriam necessários nos cuidados a doentes que poderiam recuperar. A grande maioria gostava de ajudar mais, mas não sabia o que dizer ou o que fazer (Kübler-Ross, 1974: 116).

Kübler-Ross faz uma análise das reacções à proposta dos seminários, começando pela parte médica e indo até aos doentes. Como foi afirmado mais atrás, o corpo médico teve uma grande relutância em aceitar a realização das entrevistas com doentes em fase terminal. Primeiro, porque não indicavam doentes em fase terminal para serem entrevistados (não reconheciam existirem doentes neste estado), e, segundo, porque viam nesta atitude uma intromissão na vida dos doentes que, pensavam, seria nefasta. Em termos gerais, Kübler-Ross afirma que:

> Aproximadamente nove em cada dez médicos reagiram com desconforto, incómodo, hostilidade evidente ou encoberta quando lhe pedimos autorização para falar com um dos seus doentes. Enquanto alguns recorriam à debilidade física ou emocional dos doentes para justificar a sua relutância, outros negavam liminarmente terem doentes em fase terminal sob os seus cuidados (Kübler-Ross, 1969: 249).

Em tom de crítica, Kübler-Ross refere que, ao longo das mais de duzentas entrevistas realizadas durante o período de 1967 a 1969, só estiveram presentes dois membros do corpo docente da faculdade de medicina da Universidade de Chicago (cf. Kübler-Ross, 1969: 252).

No entanto, apesar da renitência inicial, houve mais tarde a participação nos seminários de clínicos de vários pontos geográficos, "[...] vindos da Europa, da costa este à costa oeste dos Estados Unidos assistiram aos seminários durante a estadia em Chicago [...]" (Kübler-Ross, 1969: 252). Assim, esta relutância do corpo clínico no interior da instituição acabou por chegar a um estado residual e Kübler-Ross verificou então, a certa altura, que a maioria dos clínicos pedia a elementos dos seminários para falarem com algum doente que pensavam precisar de ajuda (cf. Kübler-Ross, 1969: 249).

A equipa de enfermagem reagiu de forma diversificada: desde uma forte oposição inicial à indiferença e, até, acolhimento. Muitos pensavam que o trabalho com pessoas no fim de vida era um desperdício de tempo com quem já não havia nada a fazer. Também havia quem reconhecesse a falta de competência para cuidar de uma pessoa nesta etapa da vida (cf. Kübler-Ross, 1969: 253).

Kübler-Ross recorda-se de uma ala do hospital acerca da qual se dizia que os doentes em fase terminal eram isolados e permaneciam muito tempo sozinhos. No sentido de esclarecer a situação, realizou uma reunião e obteve as seguintes reacções:

> Uma enfermeira mais velha quebrou o gelo e expressou a sua consternação acerca "do tempo que se perdia com estes doentes" [...] Uma enfermeira mais jovem acrescentou que se sentia muito mal quando "estas pessoas me morrem", e outra enfermeira estava particularmente irritada quando "eles morrem e os membros da família estão presentes" ou quando ela "tinha acabado de lhes ajeitar a almofada" (Kübler-Ross, 1969: 253).

Apenas uma das enfermeiras, no seio de uma equipa de doze, expressou que os doentes na recta final da vida precisavam dos seus cuidados e, se mais não se pudesse fazer, proporcionar conforto físico seria o bastante.

O que Kübler-Ross constatou, *a posteriori*, e decorrente do desenvolvimento dos seminários e da participação em grande escala do pessoal de enfermagem, foi uma mudança de atitude no cuidar do doente em fim de vida.

> Gradualmente, a atitude do pessoal de enfermagem mudou. [...] Muitos deles sentem-se agora confortáveis quando um doente faz uma pergunta acerca do seu futuro. Têm menos receio de passar mais tempo com o doente em fase terminal e não hesitam em aparecer e sentarem-se ao seu lado, partilhando alguns dos problemas [...] (Kübler-Ross, 1969: 254).

Muitos dos participantes nos seminários eram estudantes de várias áreas, e, segundo Kübler-Ross, a sua entrada deveu-se a duas ordens de factores:

- conflitos não resolvidos no âmbito da morte;
- necessidade de aprender técnicas de entrevista (cf. Kübler-Ross, 1969: 257).

Inicialmente, e de um modo genérico, foi difícil o contacto dos estudantes com o doente em fase terminal e a sua história de vida. Muitos desistiam ou tentavam escamotear o debate final, fugindo ao tema da morte e falando mais abertamente em problemas técnicos, médicos, ou mesmo administrativos. Para Kübler-Ross, os estudantes começaram a constatar a dificuldade em lidar com o tema da morte e, mais ainda, com o confrontro do outro que está a morrer. Foi uma forma de se aperceberem do papel de cada elemento da equipa e "[...] aumentar o respeito e a estima pelo papel de cada um [...]" (Kübler-Ross, 1969: 258). Para a autora, os estudantes desenvolveram um sentido de grupo, e tal como numa terapia, cada um tentava analisar o seu problema individualmente e partilhava-o com o grupo, de forma a que a angústia de um podia ser a mesma de outro elemento e, simultaneamente, a solução de um problema de um elemento poderia ajudar outro a melhor enfrentar os seu medos e a lidar melhor com a situação.

Do exposto anteriormente deduz-se que o debate final, que ocorria quando terminava a entrevista ao doente, deveria ser um manancial de emoções e reacções, e, por isso mesmo, um acontecimento altamente proveitoso para a reintrodução da temática da morte no discurso das pessoas, para a conciencialização dos seus medos e angústias, e, simultaneamente, para humanizar os cuidados ao doente em fase terminal, pela divulgação das suas necessidades e problemas.

Ao contrário do pessoal médico, de enfermagem e dos estudantes, os doentes acolheram sem qualquer entrave a proposta de entrevista. Segundo Kübler-Ross,

> Menos de dois por cento dos doentes recusaram liminarmente participar no seminário, apenas uma doente em mais de duzentos nunca tinha falado da gravidade da sua doença, dos problemas resultantes da sua doença terminal ou dos seus medos de morrer (Kübler-Ross, 1969: 259).

Para Kübler-Ross, os doentes participaram sem hesitações nos seminários por variadas razões:

- terem a possibilidade de conversar com alguém verdadeiramente interessado nos seus problemas;
- quebra da monotonia, da solidão e do vazio que sentiam. Estavam sempre à espera do médico, da enfermeira ou do resultado do exame que efectuaram e, nesta rotina, o aparecimento de alguém que iria conversar e escutar os seus problemas quebrava o entediamento dos dias no hospital;
- através dos seus relatos em vida, consideravam estar a prestar um serviço que iria ser de utilidade para outros;
- testarem a suas próprias capacidades de resistência, isto é, apesar de doentes, ainda conseguirem participar nesta actividade;
- necessidade de deixar algo às gerações vindouras, numa espécie de testemunho para a imortalidade (cf. Kübler-Ross, 1969: 259--262).

Os doentes ficavam admirados quando alguém se mostrava interessado nos seus problemas, na sua situação, mas para Kübler-Ross isto não constituiu surpresa, pois "Num mundo movimentado de engenhocas e números, eles eram privados de qualquer carinho e, não é surpresa que um pequeno toque de humanidade faça emergir uma resposta esmagadora" (Kübler-Ross, 1969: 262).

A participação dos doentes nos seminários, através de entrevista, contribuiu, como se disse, para que Kübler-Ross identificasse as várias fases das reacções psicológicas pelas quais poderá passar um doente em fase terminal. Por outro lado, a autora afirmava em 1977, num discurso proferido em San Diego, que "[...] os melhores professores do mundo são os doentes em fase terminal. Estes doentes, quando tens tempo e te sentas para ouvir, ensinam-te as fases do processo de morrer" (Kübler-Ross, 1991: 26). Contudo, há um ensinamento, para além das reacções psicológicas, que Kübler-Ross descreve como o facto de "[...] todos terem consciência da gravidade da sua doença, quer isso lhes tenha sido dito ou não" (Kübler-Ross, 1969: 263). Este facto é interessante porque, como pude constatar na prática de cuidados como enfermeiro, muitos doentes não estavam informados da sua real situação de saúde e, no entanto, a partir de determinada altura do seu percurso, tinham consciência da gravidade do seu estado geral, mesmo que ninguém lhes tivesse comunicado o prognóstico. E este facto acontecia porque o doente se apercebia das mudanças de comportamento na família ou nos elementos da equipa de saúde. Este pormenor encontra-se também de acordo com as investigações de Kübler-Ross, que a este propósito afirma:

> Todos eles pressentiam uma mudança de atitude e comportamento quando lhes era diagnosticada uma doença maligna, e ficavam conscientes da gravidade da sua situação pela mudança de comportamento das pessoas que os rodeavam (Kübler-Ross, 1969: 263).

Em suma, poderemos afirmar que apesar das reacções negativas inicialmente sentidas perante o inédito de um seminário, em que eram entrevistados doentes em fase terminal, ao longo do tempo a situação foi-se atenuando e, segundo Kübler-Ross, os seminários tornaram-se "[...] uma abordagem pedagógica aceite e bem conhecida, frequentada todas as semanas por cerca de cinquenta pessoas de diferentes origens, formação e motivações" (Kübler-Ross, 1969: 267).

Nestes termos, é inevitável que tenham acontecido algumas transformações com a realização deste evento, tendo os seminários contribuído para algumas das seguintes alterações (cf. Kübler-Ross, 1969: 267-268):

– a abordagem da morte tornou-se parte do currículo de estudantes que teriam, a curto prazo, de confrontar-se inevitavelmente com doentes em fase terminal;
– humanização da prestação dos cuidados de saúde ao doente em fase terminal;
– os profissionais de saúde começarem a encarar o doente em fase terminal com menos ansiedade;
– as pessoas que frequentaram os seminários começarem a sentir-se melhor perante a perspectiva da própria morte;
– maior solicitação da equipa dos seminários para atender a problemas de doentes em fase terminal e seus familiares.

Apesar de os seminários constituírem um dos marcos mais importantes na carreira de Kübler-Ross, os seus horizontes não se ficaram por aqui, lançando também a sua atenção sobre a morte no mundo das crianças.

2.2. As crianças perante a morte

Kübler-Ross, após ter abandonado o *Billings Hospital,* em 1970, foi trabalhar para um hospital pediátrico, o *La Rabida Hospital,* em Nova Iorque, onde, segundo a autora "[...] tive de trabalhar com crianças muito doentes, com doença crónica e em fase terminal" (Kübler-Ross, 1997: 182). Foi precisamente nesta instituição que começou o seu interesse pelas crianças que se encontravam numa fase terminal, talvez pelo contacto com a sua dor e sofrimento, para além da dor e sofrimento dos seus pais. Chegará à conclusão de que: "É muito simples trabalhar com doentes em fase terminal. É ainda mais simples trabalhar com crianças na fase terminal porque elas são menos complicadas. Elas são muito honestas" (Kübler-Ross, 1999: 28-29).

Verifica-se que o seu contributo nesta área não é apresentado de forma tão sistemática como em relação ao adulto. Anteriormente, em relação ao adulto, a autora conseguira identificar um conjunto de reacções emocionais perante a proximidade da morte. Contudo, no que respeita à criança, as suas ideias, ainda que pertinentes e fundamentais para a compreensão da relação da criança com a morte, apresentam um carácter não sistematizado. Intenção da autora ou dificuldade em encontrar um esquema similar ao do adulto, o certo é que, não obstante isso, assinala nos seus escritos algumas linhas orientadoras fundamentais para a compreensão do fenómeno da morte tal como é experimentado pelas crianças, assim como para a compreensão das problemáticas adjacentes, como é o caso dos problemas dos pais perante a morte de um/a filho/a.

Um dos aspectos fundamentais nos escritos de Kübler-Ross em torno das crianças, e que é comum às suas diferentes incursões neste território "terminal", qualquer que seja a idade da pessoa moribunda, é a referência, embora nem sempre explícita, à negação da morte por parte da sociedade. A sociedade nega esta realidade humana e deste facto surge a dificuldade em educar os mais novos acerca da morte, protegendo-os do seu contacto sob todas as suas formas e, especialmente, da aproximação dos que estão numa fase final das suas vidas.

Como nos afirma Hannelore Wass, do Departamento de Psicologia Educacional da Universidade da Florida,

> Em épocas passadas, a morte ocorria maioritariamente em casa e as crianças ajudavam a cuidar o elemento da família que estava a morrer, estavam

presentes no momento da morte, e participavam no funeral. Hoje, cerca de três quartos das pessoas que morrem tem 65 ou mais anos, e a maioria das mortes ocorre em instituições (Wass, 1995: 269).

Robert Kastenbaum e Ruth Aisenberg, psicólogos, referem também a este propósito que actualmente a sociedade vive resguardada da morte, com o "acontecimento final" a decorrer nos hospitais, reservando-nos nós o direito de comunicarmos ou não a morte à criança, enquanto que "Não faz muitos anos, raramente tínhamos essa escolha – as crianças assistiam ao que estava acontecendo, tão directamente quanto nós" (Kastenbaun e Aisenberg, 1983: 167).

Também o sociólogo Nobert Elias manifesta a este propósito uma posição semelhante a Kübler-Ross, afirmando na sua obra *La Solitude des Mourants*:

> Nada caracteriza melhor a atitude actual perante a morte do que o receio que os adultos sentem em dar a conhecer às crianças os factos concretos referentes à morte. [...] temos a impressão obscura que poderíamos prejudicar as crianças, escondemos-lhes as realidades simples da vida, que terão no entanto, inevitavelmente, que conhecer e compreender (Elias, 2002: 31).

Numa primeira conclusão, creio poder verificar-se que todas as reflexões de Kübler-Ross acerca da problemática da morte experienciada pelas crianças apontam, em última análise, para este défice educacional. A própria autora está de tal modo convencida deste facto que chega a pensar que, quando a próxima geração tiver uma educação tanatológica e acolher a morte como fenómeno natural da vida, então

> Crianças que tiveram estas experiências – em segurança, protegidas e num ambiente afectuoso – darão origem a uma nova geração que, muito provavelmente, não entenderão que tivéssemos necessidade de escrever livros sobre a morte e o morrer e de construir instituições específicas para doentes em fase terminal; não entenderão porque havia este esmagador medo da morte [...]" (Kübler-Ross, 1978: 144-145).

As reacções das crianças perante a morte são diferentes das do adulto[43].

---

[43] Acerca das percepções da criança perante a morte ver por ex., MACEDO, Ermelinda F.D.C.; MACEDO, João Carlos G.M.; GOMES, Maria Filomena P.; PERES, Paula Cristina S. E. (2010). "Educar para a morte e a promoção da saúde mental", 48-53.

Há quem pense mesmo que é a atitude do adulto perante a morte que poderá tornar-se um problema para a criança (cf. Castro, 2000: 155). Independentemente deste facto, e como já foi referido anteriormente, Kübler-Ross estudou as reacções emocionais do adulto face à morte sem que, no que diz respeito à criança, encontremos um paralelismo esquemático quanto às etapas emocionais do morrer. No entanto, ao debruçarmo-nos sobre a sua obra identificamos algumas linhas orientadoras para as crianças, pais e educadores, no sentido de conseguirem ajudá-los a lidar com a problemática da morte e a enfrentar a perda de alguém, o que é um facto inédito para a época.

Uma das abordagens que Kübler-Ross efectua consiste em analisar a realidade da criança face à perda de um dos progenitores. Para Kübler--Ross há um conjunto de factores que influenciam a(s) reacção(ões) da criança face à morte da mãe ou do pai:

- idade da criança[44];
- relação da criança com o progenitor;
- vivência prévia de experiências de morte por parte da criança (cf. Kübler-Ross, 1991: 73)

Muitas crianças ainda com tenra idade (até aos três anos) reagem com maior facilidade perante a morte de um dos pais do que crianças mais velhas. Segundo Kübler-Ross:

> Se a criança é muito nova e tem pouco tempo de ligação com a figura parental, qualquer substituto familiar como a avó, pode facilmente substituir a jovem mãe, e a criança não irá sofrer ou demonstrar sinais de luto [...] (Kübler-Ross, 1991: 73).

---

[44] Segundo Dana Castro, psicóloga clínica, o conceito de morte evolui com a idade e a maturidade da criança. Assim, a criança até aos 3 anos não tem um conceito de morte; dos 3 aos 5 anos a morte já faz parte do vocabulário no entanto, não a imagina como fenómeno definitivo e universal, é percebida como um acontecimento circular: vive-se, morre-se e vive-se novamente; dos 5 aos 10 anos começa a instalar-se a ideia da morte como fenómeno irreversível, universal e inevitável; dos 10 anos aos 12 anos a morte adquire um carácter permanente, universal e pessoal; no período da pré-adolescência, a morte é entendida como uma fenómeno horrível mas fascinante; na adolescência há uma compreensão do processo da morte, das suas causas e consequências (cf. Castro, 2000: 35-42).

No entanto, de acordo com Kübler-Ross, nas crianças em que o vínculo parental é mais forte, a morte de um dos pais poderá conduzir ao aparecimento de problemas como o choro, a insónia e a regressão. É contudo a criança dos três aos seis anos que, segundo Kübler-Ross, apresenta pior reacção perante a morte inesperada de um dos progenitores, devido à sua incapacidade de compreender a morte como uma separação definitiva. Por outro lado, muitas crianças poderão entender o desaparecimento da mãe como um acto de castigo por se terem comportado mal, tentando por isso efectuar um conjunto de actividades como lavar a louça ou fazer a cama, numa clara atitude compensatória tentando promover o regresso da pessoa perdida. Para Kübler-Ross, somente o diálogo compreensivo e a evocação das memórias em família poderão ajudar a criança no processo de luto:

> Só quando um parente vivo, talvez um avô, tem uma longa conversa e surgem lágrimas pela morte do familiar, é que a criança dá permissão a si mesma para reconhecer a morte de um dos pais e começar o seu processo de luto. Se os familiares forem capazes de chorar e conversar acerca dos bons momentos que partilharam com a pessoa falecida, o processo de luto pode ser muito enriquecido. Toda a criança tem necessidade de que alguém lhe fale do familiar que perdeu. Se a família for folhear o álbum de fotos e partilhar as memórias de lugares, de viagens, de eventos e ocorrer naturalmente riso e choro nessas conversas, isto pode ajudar em muito a criança a passar pelo processo de luto sem feridas (Kübler-Ross, 1991: 74)

É fundamental este processo de partilha de sentimentos da perda do familiar. Na óptica de Kübler-Ross, reside neste particular a origem de múltiplos problemas de saúde de inúmeras pessoas, já na sua fase adulta. Crises de ansiedade, fobias e pesadelos persistentes, entre outros problemas, são a expressão visível de lutos não ultrapassados quando ainda eram crianças.

> Se o pai ou mãe sobreviventes soubessem o quanto é benéfico para a criança em luto, exteriorizar a tristeza e partilhar lágrimas,o quanto este aspecto poderá evitar mais tarde casos de pessimismo e negativismo (Kübler-Ross, 1991: 78).

Verifiquei que Kübler-Ross apela, com bastante insistência à exteriorização dos sentimentos aquando da perda de alguém muito próximo. Esta atitude é, segundo a autora uma expressão saudável de lidar com a perda, não permitindo que os sentimentos de culpa, raiva ou desespero permaneçam escondidos e sejam escamoteados pela pessoa perante si própria e a sociedade. No caso das crianças este facto torna-se mais flagrante devido à necessidade que ela possui, independentemente da idade, de processar com naturalidade a morte de outrem. O escamoteamento e a repressão de sentimentos são um factor de desequilíbrio para o seu desenvolvimento. A criança deveria ver a expressão de dor no adulto e ser estimulada a exteriorizar a sua dor perante a morte de alguém que lhe é próximo.

Verifica-se que estas linhas de pensamento de Kübler-Ross permanecem actuais. Outros especialistas, como é o caso de Dana Castro, psicóloga clínica (já indicado na nota 44), refere neste âmbito que as atitudes a adoptar para ajudar uma criança perante a questão da morte são basicamente duas: fornecer toda a informação à criança e permitir a expressão de emoções.

> De um modo geral, e em primeiro lugar, é crucial fornecer informação à criança. Isto permite responsabilizá-la. Permite igualmente ao adulto e à criança adaptarem-se simultaneamente à realidade da morte e diminuir no dia-a-dia os momentos de grande desorganização [...] em segundo lugar, é de uma importância capital para a criança exprimir as suas emoções. Fazer-lhe compreender que aquilo que sente é natural e esperado numa situação tão dramática como é a perda de um ente querido (Castro, 2000: 142-143).

Um dos casos relatados por Kübler-Ross, em que não houve comunicação e exteriorização de sentimentos perante a perda, é o de uma criança, de nove anos de idade, cuja mãe e um irmão mais novo, com três anos de idade, foram vítimas de acidente de viação. O pai, que conduzia o carro, sentia-se culpado do acidente e não conseguia ultrapassar o sentimento de culpa. Isolou-se e tendia a recusar falar da sua dor, sobretudo com a filha. Decorrido um ano sobre o trágico acontecimento entregou a filha aos cuidados dos avós. A criança tornou-se introvertida, tinha pesadelos frequentemente e, quando se encontrava sozinha, falava com personagens invisíveis (cf. Kübler-Ross, 1991: 74-77). Este caso está de acordo com o pensamento do psicanalista John Bowlby, segundo o qual a criança necessita da presença de uma pessoa em quem possa confiar e a quem possa transmitir a sua dor "[...] porque enquanto a maioria dos adultos sabem que podem sobreviver sem a presença mais ou menos constante de uma figura de apego, as crianças não têm essa experiência" (Bowlby, 1998: 304).

Especialmente no período da adolescência, a perda da mãe ou do pai poderá conduzir o/a adolescente a ter comportamentos de risco. Nesta circunstância, Kübler-Ross sugere o diálogo e a escuta: " O que elas mais precisam é de um abraço de amor que as envolva, um ombro para chorar e de um adulto, com quem possam desabafar (Kübler-Ross, 1991: 78). Já na fase em que a mãe ou o pai estão vivos mas numa fase terminal, Kübler-Ross alerta para a necessidade de compreender e não julgar os/as adolescentes que apresentem comportamentos abusivos, promíscuos e rebeldes, pois facilmente as suas acções podem ser interpretadas como reacções à perda previsível de que vão ser alvo (cf. Kübler-Ross, 1983: 77).

No ponto de vista que tenho estado a expôr, Kübler-Ross considera que, em relação às crianças, há um factor que pode suavizar a perda de um ente querido muito próximo. Se elas, por exemplo, já tiveram a oportunidade de assistir à morte de um dos avós, e são agora surpreendidas com a doença terminal de um dos progenitores, estão mais preparados psicologicamente do que outras que nunca contactaram com a morte de alguém muito próximo (cf. Kübler-Ross, 1983: 77).

Por outro lado, o contacto com a realidade da doença grave e da morte num ambiente compreensivo é extremamente importante no desenvolvimento saudável da criança, que terá mais cedo ou mais tarde de enfrentar estes acontecimentos da vida. Para Kübler-Ross, "O aspecto mais importante para a criança, independentemente da gravidade da doença do progenitor, é estar perto dele, estar perto fisicamente, não isolada e longe do hospital onde não é permitido a visita da criança" (Kübler-Ross, 1978: 131).

Uma estratégia fundamental que Kübler-Ross convida os pais a praticar é a de envolver a criança nos cuidados ao familiar que esteja numa fase terminal em casa. Segundo Kübler-Ross, "[...] o irmão ou irmã de um criança em estado grave, deverá participar activamente nos cuidados" (Kübler-Ross, 1983: 2). Acrescenta mesmo que " É importante que a criança, especialmente no caso de irmãos, tenha consciência e seja estimulada a partilha na fase final de vida do irmão/irmã doente e até participem no funeral, excepto se for contra a sua vontade" (Kübler-Ross, 1983: 79). Mesmo que seja só para fazer alguma companhia ou outra atitude mais banal, o contacto da criança, desde tenra idade, com o familiar em fase terminal, contribuirá para uma relação mais saudável com a morte (cf. Kübler-Ross, 1983: 67).

Este aspecto assume um carácter de tal forma actual que Wilson Astudillo, Carmen Mendinueta e Edgar Astudillo, médicos e membros fundadores da *Sociedad Vasca de Cuidados Paliativos*, referem que "Existem evidencias cada vez maiores de que a participação das crianças nos cuidados de um ente querido ou nas conversas com familiares reduz enormemente os problemas psicológicos posteriores" (Astudillo, Mendinueta e Astudillo, 2002: 383).

Um caso relatado por Kübler-Ross é o de Jamie. Jamie era uma menina de cinco anos que tinha um tumor cerebral e que morreu em casa com o carinho da sua mãe e do seu irmão mais velho, Rusty, que tinha oito anos de idade. Rusty, para além de brincar junto da cama da irmã, participava activamente nos cuidados que lhe eram prestados.

> Depois de alguns momentos a brincar, quando Rusty teve a sua parte de atenção, carinho e brincadeira, saltou fora da cama e disse orgulhosamente "tenho de ir trabalhar agora". Deslocou-se para o lado da cama da Jamie, pegou no tubo de aspiração na mão, e com orgulho aspirou a irmã [...] Após aspirar o nariz e a boca da sua irmãzinha pegou no oxigénio – outra vez, simplesmente para mostrar que era homem suficiente para cuidar da sua irmã [...] (Kübler-Ross, 1978: 65-66).

> O pequeno Rusty tornou-se o técnico médico da sua pequena irmã Jamie, e foi capaz de tomar conta da máquina de aspiração de secreções e da tenda de oxigénio. Contribuir para cuidar da sua irmãzinha e também aliviar o trabalho da mãe, pode dar à criança um grande sentimento de realização (Kübler-Ross, 1978: 131).

Para Kübler-Ross, esta situação permitiu que o pequeno Rusty, quando morreu a irmã, tivesse um período de luto normal e não fosse vítima de um luto mais prolongado e com complicações graves (cf. Kübler-Ross, 1999: 12).

Aliás, o contacto com a morte no período da infância, preparará a criança para lidar com a perda em situações futuras: "A criança a quem foi permitido participar no processo de morte de um avô ou outro familiar desde tenra idade, está normalmente melhor preparado futuramente para enfrentar o processo terminal de um pai ou de um irmão" (Kübler-Ross, 1983: 77). O processo de integração e aceitação da morte na vida, "Deve começar muito cedo na idade iniciando por visitar lares de idosos, hospitais de doentes crónicos e de doentes em fase terminal [...]" (Kübler-Ross, 1974: 110). A educação das crianças nestes termos conduzirá a uma aceitação da morte como parte integrante da vida (cf. Kübler-Ross, 1974: 113; Kübler-Ross, 1981: 53). A educação sobre a morte deveria estar no horizonte social e, como nos indica a autora, "Eu acredito [...] que esta preparação deve começar muito cedo, devemos ensinar as nossas criança e jovens a enfrentar a realidade da morte (Kübler-Ross, 1974: 4).

A este propósito, Nobert Elias também está ciente de que a educação da criança acerca da morte constituirá uma mais valia no seu desenvolvimento. Segundo este autor,

> A reacção das crianças dá-se em função da idade e da sua personalidade, mas o efeito traumático profundo que essas experiências podem ter sobre elas, levam-me a pensar que se aprendessem de modo natural a realidade simples da morte humana, a finitude das suas próprias vidas, e de todos os outros seres humanos, isso poderia ser-lhes benéfico (Elias, 2002: 32).

É neste sentido que Kübler-Ross incentiva a mãe ou o pai que se encontra numa fase terminal a morrer em casa, dando para isso a seguinte justificação:

> Neste âmbito a criança participa nos cuidados à sua mãe ou pai em fase terminal. Quando chegar o tempo em que a mãe já não conseguir falar e quando entrar em coma durante os últimos dias da sua vida, a criança ainda poderá tocar-lhe, amá-la e abraçá-la (Kübler-Ross, 1999: 11).

No entanto, apesar de muitos doentes expressarem a sua vontade de passarem os seus últimos dias em casa, há alguns, especialmente os que têm crianças ainda bastante pequenas, que preferem morrer nos hospitais para proteger os filhos da realidade da morte. Esta forma de actuar vem ao encontro da ideia já referida anteriormente que aponta a negação social da morte e o seu estatuto de tabu como a raiz de todos estas atitudes. Para Kübler-Ross esta postura de não enfrentar a realidade da doença terminal e a iminência da morte, escondendo todas a suas facetas, conduzirá a problemas *a posteriori*, numa clara dificuldade da criança conseguir integrar a ideia da morte da sua mãe ou pai (cf. Kübler-Ross, 1974: 90).

Como já apontei, Kübler-Ross encomenda, sempre que as condições o permitam, a morte domiciliária. O domicílio é, segundo a autora o local ideal para crianças e adultos permanecerem nos seus últimos dias. Embora a instituição hospitalar possa fornecer todas as condições de tratamento, quando a situação da doença é irreversível e sem perspectiva de cura, a criança deseja estar em casa junto dos seus pais e irmãos e dos seus brinquedos. Esta foi a ideia que Kübler-Ross retirou de alguns casos que acompanhou nas fases finais da vida, como por exemplo a história de Jeffy, uma criança com nove anos de idade que sofria de leucemia[45] nos últimos seis anos e que, quando colocada perante a perspectiva de efectuar mais um tratamento de quimioterapia[46], dos muitos que efectuou, replicou: "Eu não entendo os adultos, porque é que têm que tornar as crianças tão doentes para as curarem?" (Kübler-Ross, 1999: 57). O seu desejo era morrer em casa, tendo pedido a Kübler-Ross que colaborasse no seu regresso. Ao fim de duas semanas, Jeffy morreu em casa junto dos seus pais e do seu irmão. Jeffy teve ainda oportunidade de concretizar um desejo: o de conseguir dar uma pequena volta na bicicleta que os pais lhe tinham comprado mas que, devido aos internamentos no hospital, não tivera oportunidade de usar (cf. Kübler-Ross, 1999: 56-58).

O que Kübler-Ross tem evidenciado é que a morte da criança no domicílio, sempre que possível, apresenta vantagens tanto para a criança como para os pais e irmãos. Para além da satisfação da vontade da criança que se encontra numa fase terminal, há um conjunto de atitudes e assuntos que só poderão ser resolvidos em casa e nunca numa unidade hospitalar que, por mais aberta que seja, apresenta sempre algumas limitações organizacionais, como é o caso da hora das visitas e do número de pessoas que podem visitar a criança de cada vez, entre outras.

---

[45] Leucemia é uma "Doença neoplásica aguda ou crónica caracterizada pela proliferação anormal e geralmente intensa dos leucócitos e das células de origem na medula óssea [...]" (Manuila, 2000: 357-358).

[46] Quimioterapia, como se sabe, é um termo utilizado em oncologia e que indica o uso de agentes químicos (citostáticos) para destruir as células cancerosas.

Contudo, a situação de morte no domicílio ou mesmo hospital poderá apresentar alguns problemas ainda não mencionados, nomeadamente ao nível da relação entre irmãos, uma vez que um deles se encontre numa fase terminal. Kübler-Ross alerta os pais para a possibilidade de os irmãos terem ciúmes do irmão/irmã doente que se encontra numa fase terminal, podendo manifestar, em determinadas situações, ainda que de uma forma simbólica, o desejo da sua morte (cf. Kübler-Ross, 1983: 67-70). Muitas vezes, a atenção dada pelos pais ao filho que está numa fase terminal conduz a uma menor atenção aos restantes filhos. De acordo com Kübler-Ross,

> Muitos irmãos e irmãs evidenciam crescente negativismo perante a doença terminal dos irmãos quando os pais reagem à doença mimando-os excessivamente [...] com a culpabilização e benevolência excessiva dos pais, não é surpreendente que muitos irmãos e irmãs reajam mal – começam a lamuriar-se e eventualmente desenvolvem queixas psicossomáticas – no sentido de conseguirem alguma atenção e partilharem privilégios (Kübler-Ross, 1983: 68).

Esta atitude dos pais, embora perfeitamente compreensível, deverá ser substituída por uma atitude de amor por todos os filhos. A partilha de sentimentos, bem como o diálogo com as crianças saudáveis sobre a necessidade de prestar mais atenção à criança mais vulnerável, serão medidas importantes para prevenir sentimentos de exclusão de algumas delas. De qualquer modo, uma das atitudes mais importantes a ter, já referida anteriormente, é a participação de todos nos cuidados e tratamentos do elemento da família doente. Kübler-Ross pensa que deste modo poderão evitar-se situações complicadas, por um lado na criança doente que se torna insuportável na relação porque sabe que os pais acedem a todas as suas vontades em detrimento dos pedidos dos outros irmãos, e por outro nos problemas dos outros filhos, que podem sentir-se excluídos do amor dos pais, que não lhe prestam a devida atenção, centralizando o foco de cuidados exclusivamente no/na filho/filha doente (cf. Kübler-Ross, 1983: 70-73).

Outro aspecto a que os pais e cuidadores de crianças em fase terminal terão que estar atentos é à linguagem. Segundo Kübler-Ross, para além da linguagem verbal explícita e directiva, a criança expressa muitos dos seus problemas e necessidades no que diz respeito à sua doença e morte através da linguagem simbólica verbal ou não verbal:

> Há dois tipos de linguagem simbólica: a linguagem simbólica não verbal e a linguagem simbólica verbal. Ambas são linguagens universais [...] e uma vez que entendas esta linguagem, que é a linguagem usada quase em exclusivo pela criança, então nunca mais terás que adivinhar, nunca mais terás que apostar, e começarás a entender todas as crianças em fase terminal [...] (Kübler-Ross, 1999: 9).

Relativamente à linguagem simbólica verbal, Kübler-Ross relata o caso de uma criança de oito anos que se encontra numa fase terminal devido a graves problemas respiratórios internada numa unidade hospitalar, estando o seu leito envolvido numa tenda de oxigénio[47]. Numa determinada noite, a criança chama a enfermeira de serviço e pergunta-lhe o que acontecerá se começar um incêndio na tenda de oxigénio. A enfermeira sossega-a e assegura-lhe que nunca acorrerá qualquer incêndio. Contudo, a enfermeira relata o caso à sua superiora e esta, compreendendo que algo mais estava subjacente à questão da criança, foi junto do leito dela. Abeirou-se da cama, começou a conversar e, reparando na ansiedade da criança, abriu a tenda de oxigénio, sentou-se na cama da criança e abraçou-a. Para Kübler-Ross, esta enfermeira compreendeu a mensagem da criança, percebeu que esta estava com medo de estar só, com falta de contacto humano, que era evitado por estar na tenda de oxigénio. A compreensão desta linguagem verbal simbólica permitiu, neste caso, diminuir a ansiedade desta criança e evitar a solidão a que estão votados muitos doentes em fase terminal.

No que se refere à linguagem simbólica não verbal, Kübler-Ross aponta o caso de uma criança internada no *La Rabida Hospital* com uma doença hepática e à espera de um transplante hepático. Esta criança, em determinada altura, simulava com os dedos uma pistola e disparava contra todas as crianças do sexo feminino. As enfermeiras da unidade chamavam-na à atenção e censuravam o seu comportamento. Segundo a aná-

---

[47] Tenda de oxigénio é um "Dispositivo estanque permanentemente alimentado com oxigénio, no interior do qual se coloca um doente submetido a oxigenoterapia" (Manuila *et al*, 2000: 582).

lise de Kübler-Ross, a criança apresentava esse comportamento porque desejava que alguém morresse para ter um fígado disponível. Por outro lado, só escolhia raparigas como alvo porque, recentemente, a mãe tivera uma menina e, desde então, ainda não o tinha ido visitar ao hospital (cf. Kübler-Ross, 1983: 69-70).

Outra forma de linguagem simbólica não verbal é o desenho. A criança, especialmente a que se encontra em fase terminal, comunica através dos seus desenhos algumas mensagens. Neste âmbito, Kübler--Ross indica Susan Bach[48], psicanalista jungiana que desenvolveu um método de analisar os desenhos espontâneos das crianças gravemente doentes que se encontravam internadas no hospital de Zurique (cf. Kübler-Ross, 1999: 10). Segundo Kübler-Ross, o trabalho desta psicanalista teria por base uma ideia do conhecido psicólogo Carl Gustav Jung (1875-1961), que dividia um desenho em quatro partes e indicava a sequência pela qual deveria ser analisado: em primeiro lugar, o quadrante inferior esquerdo, que indicaria o passado; em segundo lugar, o quadrante superior direito, que indicaria o presente; em terceiro lugar, o quadrante inferior direito, que indicaria o futuro imediato; e, finalmente, o quadrante superior esquerdo, que indicaria o futuro mais longínquo (cf. Kübler-Ross, 1999: 21-23).

Kübler-Ross, através deste tipo de análise, interpretou alguns desenhos de crianças em fase terminal:

> [...] Usamos esta técnica desenvolvida por Susan Bach, uma psicanalista de Londres (escola Carl Jung),[...]. É um método que revela o significado profundo dos desenhos espontâneos das crianças em fase terminal. Nestes de-

---

[48] Susan Bach nasceu em 1902, em Berlim, e doutorou-se pela Universidade de Friedrich-Wilhelm de Berlim. Uma das suas obras mais conhecidas intitula-se *Life Paints its own Span – on the significance of spontaneous pictures by severely ill children.* Esta obra tem cerca de duzentos desenhos e nela é efectuada uma abordagem original analisando os aspectos físicos e psicoespirituais dos desenhos das crianças. A autora pensa que os desenhos espontâneos revelam o estado somático e psicológico do indivíduuo. (cf. http://www.daimon.ch/Bach4.htm). Ainda neste âmbito, Kübler-Ross, na 1ª Conferência proferida em Estocolmo em 1980, refere "Susan Bach, psicanalista de Londres (escola Carl Jung) desenvolveu um método de observação dos desenhos espontâneos das crianças, crianças de Zurich [...] Ela pediu a crianças, todas com tumores cerebrais, para fazer um desenho e então descobriu que todas revelaram nos seus desenhos ter conhecimento da sua patologia, e até a localização do tumor cerebral" (Kübler-Ross, 1999: 10).

senhos espontâneos, onde há liberdade de escolha da forma, cor e design, estas crianças revelam com frequência o seu conhecimento sobre a sua morte próxima e são capazes de partilhar com aqueles que entendem a linguagem simbólica o significado da sua doença, da sua vida, e do seu futuro (Kübler--Ross, 1978: 51-51).

Longe de querer ensinar esta técnica ao grande público, Kübler-Ross alerta para a necessidade de formação e treino nesta área. Sugere aos pais e cuidadores que dediquem algum tempo e atenção aos desenhos das crianças (cf. Kübler-Ross, 1995: 27-30). Quando não entenderem o significado do desenho, os pais ou cuidadores deverão questionar a criança, pois só desta forma poderão, por um lado, identificar problemas pendentes da criança e que poderão ser resolvidos antes de morrer, por outro, compreender qual a percepção que a criança tem da sua doença e morte. Nalguns casos, a análise do desenho da criança ou do adolescente poderá indicar sinais de desespero ou instabilidade emocional e, deste modo, iniciar-se um processo de comunicação e tentativa de compreensão do problema instalado. Este facto poderá, em determinadas circunstâncias, contribuir para a prevenção de suicídios, especialmente em adolescentes (cf. Kübler-Ross, 2000: 176). Segundo Dana Castro, o suicídio no adolescente é motivado por variadas razões: entre outras, o desejo de obter paz; de terminar com um sofrimento insuportável; de fazer compreender aos outros o sentimento de desespero, e de pedir ajuda. No entanto, "Na adolescência, a tentativa de suicídio é na maioria das vezes motivada por uma experiência de perda [...]" (Castro, 2000: 183-184).

Dentro dos vários casos em que Kübler-Ross procedeu a uma análise de um desenho temos, por exemplo, o caso de Jamie, já anteriormente referido. A criança, com cinco anos, estava na fase terminal de um tumor cerebral e Kübler-Ross pediu-lhe para desenhar o que quisesse com toda a liberdade, no tema e nas cores. Da análise do desenho, especialmente do seu quadrante superior esquerdo, onde Jamie desenhou um globo lilás, Kübler-Ross concluiu que a criança tinha uma noção da sua morte e não temia essa realidade (cf. Kübler-Ross, 1978: 53; Kübler-Ross, 1999: 10).

Embora esta seja de facto a conclusão retirada por Kübler-Ross, não consegui encontrar uma explicação para a forma como se teria considerado haver motivos suficientes para interpretar deste modo o desenho

EDUCAR PARA A MORTE

de Jamie. Por alguma razão, a autora não terá considerado importante expor a técnica jungiana que a conduziu às suas conclusões.

Para além de entrar em contacto com as crianças através dos seus desenhos, Kübler-Ross socorre-se de uma linguagem simbólica verbal para transmitir às crianças factos sobre a morte. A metáfora que utiliza frequentemente é a da borboleta e do casulo[49], baseando-se nas inúmeras borboletas que viu desenhadas no campo de concentração de Maidanek, conforme foi descrito no capítulo 1, " Itinerário bio-bibliográfico de Elisabeth Kübler-Ross". Para Kübler-Ross, vivemos num casulo. Aquando da morte, saímos deste casulo e, na forma de uma borboleta, voamos para um local sem dor, sem sofrimento e de uma grande paz. Eis a explicação que Kübler-Ross transmite a uma criança de seis anos, cuja mãe estava numa fase terminal e em coma:

> Penso ser terrivelmente importante que saibas ao certo o que acontece à tua mamã. A tua mamã está em coma. Estar em coma significa que a tua mamã é como um casulo. O casulo parece estar morto. A tua mãe não vai mais poder abraçar-te. Ela não vai mais poder responder-te. Ela não conseguirá mais falar contigo, Mas consegue ouvir todas as palavras que tu dizes. E muito rapidamente, em um ou dois dias, o que irá acontecer à tua mamã é o que acontece com as borboletas. Quando chega o momento certo, o casulo abre-se e a borboleta sai (Kübler-Ross, 1999: 16-17).

De forma similar, Kübler-Ross escreveu uma carta a uma criança de nove anos, chamada Dougy, que foi intitulada *A Letter to a Child with Cancer*[50], em que tenta explicar à criança, entre outros factos, o que é a morte.

> Quando fizemos todo o trabalho na terra para o qual fomos enviados, temos permissão para deixar o nosso corpo – Ele aprisiona a nossa alma como

---

[49] Kübler-Ross, na 2ª conferência proferida em Estocolmo, em 1981, refere que " Em memória das crianças de Auschwitz e Maidenek, estamos a usar o modelo do casulo e da borboleta. Dizemos que és como o casulo e a borboleta. O casulo é o que vês ao espelho. É apenas um abrigo temporário do teu verdadeiro eu. Quando o casulo sofre danos, morres, e o que acontece é que o casulo liberta a borboleta [...] (Kübler-Ross, 1999: 70).

[50] Esta carta foi escrita por Kübler-Ross em 1978, após ter recebido uma carta de Dougy em que a criança lhe perguntava: "O que é a a vida? O que é a morte? E porque é que as crianças têm que morrer?". Segundo Kübler-Ross, numa conferência proferida em Washington em 1982, esta sua carta tinha chegado às mãos de 10000 crianças em fase terminal após a morte de Dougy em Dezembro de 1981 (cf. Kübler-Ross, 1999: 133).

o casulo encerra a futura borboleta – e no tempo certo, podemos largá-lo e estaremos livres da dor, do medo e preocupações – livres como uma verdadeira e bela borboleta [...] (Kübler-Ross, 1999: 174).

Para além da carta, Kübler-Ross escreve, em 1982, um livro para crianças intitulado *Remember the Secret*[51], que é uma história fundamental na integração da temática da morte no discurso infantil[52]. A partir da vivência de duas crianças, Susan e Peter, a autora cria uma história onde mistura a amizade, anjos, visões e voos, conduzindo a criança a uma compreensão sem desespero da perda de alguém que lhes é querido. Recorrendo ao já referido exemplo de que ao morrermos estamos a sair do casulo e voamos como borboletas, Kübler-Ross cria uma panorâmica de beleza e encanto na mente infantil. A leitura da história cria condições para que a criança compreenda a morte com serenidade e sem angústia penosa.

Para além de as crianças conseguirem integrar a morte com naturalidade nas suas vidas, Kübler-Ross pensou também nos pais que perderam um/a filho/a. Neste contexto, Kübler-Ross incentiva aqueles que se encontram nesta situação a partilharem os seus sentimentos de perda com alguém próximo ou grupos de ajuda, pois percorrerão o processo de luto mais facilmente[53].

---

[51] Embora não haja nenhum registo da idade para o qual o livro está indicado, penso que poderá estar dirigido a crianças entre os dois e os dez anos.

[52] Há alguns livros, em português, que abordam a morte nas crianças. A título de curiosidade, veja-se, por exemplo, MUNDY, Michaelene (2001). *Estar triste não é mau – um guia para crianças que sofrem com a perda de alguém*; HEEGAARD, Marge (1998). *Quando alguém muito especial morre: as crianças podem aprender a lidar com a tristeza*; RYAN, Victoria (2004). *Quando um dos avós morre.* (consultar referências bibliográficas).

[53] Em Portugal existe uma Associação, *A Nossa Âncora*, que presta apoio a pais em luto. Esta associação tem grupos de entre ajuda espalhados pelo país. Os grupos de entreajuda funcionam como modelos de identificação, isto é, a dor de uma mãe ou pai é partilhada, é sentida e compreendida pelos elementos do grupo que também passaram, ou estão a passar, por situação similar (ver www.anossaancora.org). Para além destes grupos de ajuda, tem aparecido no mercado alguma bibliografia que poderá ser uma ajuda interessante para o processo de luto veja por ex. BAPTISTA, Inês Barros *et al* (2010). *Morrer é só não ser visto.*Um outro livro interessante que corresponde a testemunhos de pessoas que entraram em contacto com os cuidados paliativos também poderá ser uma ferramenta importante de partilha: NETO, Isabel Galriça *et al* (2010). *Cuidados Paliativos (Testemunhos).*

EDUCAR PARA A MORTE

Elementos da família que conseguem conversar entre si, que são capazes de partilhar as suas experiências com outros pais enlutados, com os profissionais do hospital mesmo após a morte da criança, ou com um clérigo compassivo, habitualmente sentem-se melhor, do que aqueles que guardam interiormente os seus sentimentos e regressam ao trabalho, fingindo que a vida continua como de costume (Kübler-Ross, 1983: 170).

Na mesma perspectiva, a psicóloga norte-americana Therese Rando afirma que os pais necessitam de ajuda para lidar com os sentimentos que rodeiam a perda de um/a filho/a. De um forma semelhante ao que Kübler-Ross escreveu acerca das pessoas enlutadas, escreve que "Eles também precisam que os cuidadores os ajudem a lidar com os seus sentimentos de desamparo, desespero, frustração e culpa" (Rando, 1984: 368).

Em síntese, verificamos que Kübler-Ross está persuadida de que a negação da morte no discurso social contribui para um mal-estar dos adultos ao tentarem comunicar com as crianças assuntos relativos à morte humana. Sendo assim, é necessário alterar esse discurso e vivência social de ocultação da morte, pois só deste modo as próprias crianças ficarão em posição de melhor a enfrentar. O confronto com a doença que é terminal, o diálogo sincero e verdadeiro sobre a morte humana e a exteriorização dos sentimentos aquando da perda de alguém que nos é próximo são ingredientes importantes para tentar criar condições para que a criança possa integrar com naturalidade a morte na sua vida. Partindo destes contributos da autora poderemos assim ressaltar como basilar a necessidade urgente de educar para a morte desde que se é criança.

É nesta linha de reflexão, de educar para a morte, que Kübler-Ross irá desenvolver um *workshop* semanal de contacto com a morte, que intitulou *Life, Death and Transition*.

2.3. Sobre a vida, a morte e a "transição"

Desde a publicação do livro *On Death and Dying*, em 1969, que Kübler--Ross passou a ser frequentemente convidada por variadas instituições, nos Estados Unidos da América e também no estrangeiro, para realizar conferências relatando a sua experiência junto dos doentes em fase terminal (cf. Kübler-Ross, 1982: 12). Em 1970, Kübler-Ross, após a saída do *Billings Hospital* em Chicago, foi trabalhar para o hospital pediátrico *La*

PROBLEMÁTICAS DO FIM DE VIDA

Rabida Children's Hospital, até 1973. É precisamente nesta fase, em que se desdobra entre o seu trabalho hospitalar e as conferências, que começou a fermentar a ideia de ajudar as pessoas de uma forma mais efectiva, que fosse para além das palestras/comunicações que efectuava.

> Foi em 1970 que me ocorreu o pensamento de que eu estava preparada para escolher um grupo de pessoas relativamente pequeno com quem poderia trabalhar mais intimamente. Eu desejava passar uma semana inteira com eles num retiro de partilha que iria muito para além da comunicação verbal (Kübler-Ross, 1982: 12).

Surge então a ideia de realizar encontros com um grupo de pessoas que precisassem de ajuda em questões relacionadas com a morte. Seriam pessoas que se encontrassem na fase de luto, precisassem de ajuda para enfrentar a sua própria morte porque tinham uma doença terminal, ou simplesmente precisassem de compreender as necessidades dos doentes em fase terminal porque eram profissionais de saúde. Nasceram deste modo os *workshops* que Kübler-Ross intitulou *Life, Death and Transition*.

> [...] Percebi que conseguiria ajudar as pessoas, mais eficazmente através de reuniões de grupo diárias, fora do meio institucional. Deste modo, iniciamos o primeiro de cem workshops "vida, morte e transição" para aqueles cujas vidas foram tocadas pela morte [...] (Kübler-Ross, 1982: ix).

Contudo, só a partir de 1973 é que Kübler-Ross começou a materializar esta ideia, quando saiu do *La Rabida Hospital*. Desprendendo-se de qualquer actividade médica, iniciou uma jornada de trabalho que incluía proferir palestras e a realização de *workshops*. Através deste *modus faciendi* foi divulgando as suas experiências junto dos doentes em fase terminal, ajudando as pessoas a lidar de forma mais saudável com a morte, impulsionando deste modo um movimento de consciencialização sobre a morte.

Inicialmente, os *workshops* decorreram em variados locais do mundo: Estado Unidos da América, Canadá, Europa, América do Sul e Japão (cf. Kübler-Ross, 1982: 29; Schaup, 1997: 82). Habitualmente, decorriam em locais isolados e calmos: "[...] um local longe da cidade e que não fosse utilizado por outro grupo ou organização" (Kübler-Ross, 1978: 149).

Os primeiros *workshops* decorreram em Indiana e no Ohio e tiveram tanto sucesso que, a partir daí, o seu crescimento foi exponencial.

EDUCAR PARA A MORTE

Devido ao sucesso, começamos a planear mais workshops. Escusado será dizer que o número e tamanho dos workshops aumentaram desde então. Sabemos agora que ter levado workshops à volta do mundo, conduziu-nos à descoberta de que eram benéficos para todo o tipo de pessoas de diferentes idades, cultura, religiões e áreas profissionais (Kübler-Ross, 1982: 24).

No entanto, devido às múltiplas solicitações e porque Kübler-Ross estava constantemente a viajar, em 1977 estabeleceu um lugar permanente para a realização dos *workshops*, numa quinta em Escondido, San Diego, na Califórnia. Eis como Kübler-Ross o descreveu: "Um lugar onde as pessoas poderiam simplesmente entrar em contacto com o seus sentimentos de negativismo e libertar as sua dores, angústias, sofrimentos e cóleras e renascerem livres, purificadas para viverem mais positivamente e mais completas" (Kübler-Ross, 1982: 31). Este centro era conhecido como *Shanti Nilaya* (em sânscrito significa "o lugar definitivo da paz") e funcionou até 1983.

Em Novembro de 1977, estávamos aptos a abrir o nosso próprio centro de cura, Shanti Nilaya, que significa a Casa Final da Paz. Está localizado acima de Escondido na Califórnia, um lugar privado rodeado de montanhas (Kübler-Ross, 1978: 153).

Em 1983, a quinta foi vendida devido a problemas financeiros do seu ex-marido e Kübler-Ross teve que sair, instalando-se depois em Highland, na Virgínia, na quinta *Healing Waters*, que funcionou até 1994 (altura em que ocorreu um grande incêndio). Há muitos mais elementos sobre esta questão no capítulo 1, "Itinerário bio-bibliográfico de Elisabeth Kübler--Ross".

Nos *workshops* participavam múltiplas pessoas, como doentes em fase terminal, familiares do doente, pais enlutados pela perda de um/a filho/a, médicos/as, enfermeiros/as e pastores de variados credos. Por outras palavras, os participantes tinham algum problema nas suas vidas relacionado com a morte e pertenciam a um dos seguintes grupos:

– pessoas em quem tinha sido diagnosticado uma doença com prognóstico reservado e fatal e queriam melhorar a sua vida em termos emocionais no tempo que ainda lhes restava;

PROBLEMÁTICAS DO FIM DE VIDA

- pessoas em luto que não conseguiam ultrapassar esta etapa e retomar a suas vidas;
- profissionais de saúde e religiosos que vinham procurar algum conforto perante o mal-estar emocional que sentiam perante a morte de outrem.

São pessoas saudáveis cujas vidas foram tocadas por uma experiência de morte ou tragédia, pessoas que estão dispostas a olhar para os seus próprios valores e reavaliar a direcção que estão a tomar, [...] Leigos e profissionais, novos e velhos, crentes e agnósticos, partilham as experiências e ficam mudados (Kübler-Ross, 1978: 149).

Derek Gill, biógrafo de Kübler-Ross (ver capítulo 1), foi convidado pela autora a participar num *workshop* que se realizou na Virgínia e descreve deste modo o grupo de sessenta e cinco pessoas aí presentes:

A maioria dos participantes nos wokshops já havia confrontado a morte directa ou indirectamente. Talvez uma dúzia estava doente, em fase terminal. Outros tantos eram pessoas incapazes de "sacudir" o seu sofrimento pela perda da esposa, de um filho ou de alguém que lhes era muito próximo. Os restantes eram médicos, enfermeiros, terapeutas, assistentes sociais e membros do clero – profissionais obrigados a lidar quase diariamente com a morte e o sofrimento (Gill, 1980: 315).

Os *workshops* tinham como objectivo ajudar a pessoa a lidar melhor com a morte e/ou a perda de alguém querido. A orientação dos *workshops* era da responsabilidade de Kübler-Ross, que "[...] ajudava os estudantes de medicina e de enfermagem, doentes em fase terminal e suas famílias a lidar com a vida, a morte e a transição de uma forma saudável e mais aberta" (Kübler-Ross, 1997: 206). A forma como se concretizava essa ajuda era através da partilha de experiências e exteriorização dos sentimentos negativos, como a raiva ou o ódio que a pessoa sentia perante a possibilidade da sua morte próxima ou da extrema perplexidade e incompreensão perante a morte de alguém querido. Segundo Kübler-Ross, a participação nos *workshops* conduziria a pessoa a uma limpeza dos seus sentimentos negativos relativos à morte até chegar a um estado de aceitação, à semelhança das reacções emocionais do doente em fase terminal que poderá atingir a aceitação e morrer em paz e serenidade.

O nosso objectivo, o nosso propósito nestes 5 dias de sessões é ajudar os participantes a entrarem em contacto com a dor profunda, a culpa, o medo, a vergonha e com todos os assuntos por resolver. Nós basicamente ensinamos-lhes o que o doente em fase terminal normalmente tenta fazer no seu leito – e isto corresponde à resolução dos assuntos pendentes para não terem sentimentos negativos entre si e poderem literalmente viver até morrer com uma sensação de paz, serenidade, aceitação e perdão pelos outros e por si próprios (Kübler-Ross, 1982: 53).

Deste modo, e na óptica de Kübler-Ross, os *workshops* funcionavam como uma espécie de dreno, de mecanismo de expurgação do mal-estar perante a morte, de certa forma imposto pela ocultação social do tema. Esta situação tinha que ser reequacionada, por um lado através da desocultação do tema e do confronto com as situações em que a morte e o sofrimento humano estão presentes e, por outro, através do amor ao próximo sem condicionalismos, implicando acolhimento e escuta, atitude que, segundo a autora, é a verdadeira forma de viver.

O propósito dos nossos workshops é partilhar com um grupo de 70 pessoas tudo o que aprendemos do doente em fase terminal que foi o nosso professor nos últimos doze anos. Pedíamos aos participantes para partilhar os seus medos e culpa e nós ajudavamo-los a atenuar e a exteriorizar os sentimentos negativos no sentido de encontrarem paz [...]" (Kübler-Ross, 1978: 149-150).

Nestes encontros, os participantes permaneciam juntos durante 5 dias em contacto com múltiplas histórias de dor e sofrimento pessoal que propiciavam maior partilha. Nas palavras de Kübler-Ross, "Assim que cada um partilha, talvez uma história singular das suas vidas, contagiam os outros 80 e começa um efeito de onda" (Kübler-Ross, 1982: 143). Ainda recorrendo ao seu próprio discurso, pode-se dizer que

É quando ocorre a partilha da experiência do sofrimento de um doente em fase terminal, que muitos dos nossos participantes nos workshops se comovem até às lágrimas; e estas lágrimas são sinal da procura da negatividade reprimida da qual mais tarde terão consciência. Quando os participantes partilham isto com o grupo, tornam-se o gatilho para que os outros partilhem as suas histórias e experiências [...] Quanto mais partilham mais exteriorizam a dor e o sofrimento, mais livres, aliviados e serenos se sentem. Têm uma crescente sensação de satisfação, liberdade e amor incondicional (Kübler-Ross, 1982: 55).

Não me foi possível conceber uma ideia explícita e completa sobre a forma como os *workshops* funcionavam, devido ao retalhado das informações. A autora descreve os *workshops* com vivacidade e, no entanto, a metodologia descritiva do seu funcionamento é dispersa e não é apresentada integralmente. Penso que por trás desta dispersão de elementos não se encontra qualquer interesse obscuro ou comercial, mas antes uma certa desvalorização das questões metodológicas por parte da autora, consciente ou inconscientemente, fazendo incidir antes toda a sua atenção nos resultados obtidos, ou seja, no modo como as pessoas, através da participação nos *workshops*, iam encarando as suas histórias de vida de uma forma mais positiva. A própria autora refere que cada *workshop* era um acontecimento singular, tinha uma dinâmica própria, embora todos tivessem uma estrutura geral idêntica (cf. Kübler-Ross, 1982: 50).

Das leituras que fiz, depreendi que estes *workshops* se realizavam durante um espaço temporal de 5 dias como já referi e que os primeiros deles destinavam-se sobretudo a que os membros do grupo se conhecessem entre si, havendo lugar para a partilha de experiências vividas acerca da doença ou da morte. O primeiro dia consistia numa apresentação dos participantes, referindo-se as expectativas em relação ao evento e o motivo da participação. Deste modo, todas as pessoas ficavam com uma ideia "[...] do elevado número de diferentes motivos para participar num workshop deste tipo" (Kübler-Ross, 1982: 61). Ainda no primeiro dia, o mais tardar no segundo, Kübler-Ross pedia aos participantes para que, individualmente, fizessem um desenho espontâneo, em dez minutos, que descrevesse o seu íntimo. Kübler-Ross efectuava depois uma interpretação de alguns destes desenhos (cf. Kübler-Ross, 1982: 64).

Segundo Susanne Schaup, jornalista e tradutora para o alemão da obra de Kübler-Ross, as sessões de interpretação de desenhos constituíam um catalisador do início dos *workshops* e, a partir daqui, acontecia uma abertura dos participantes a evidenciarem e expressarem os seus problemas (cf. Schaup, 1997: 83).

Nos dias seguintes ocorria um grande intercâmbio de experiências pessoais de dor e sofrimento, que desencadeavam sentimentos de compreensão e solidariedade.

Terça-feira de manhã cada vez mais pessoas se apercebiam da presença de outro ser humano com uma dor semelhante à sua e por vezes, de modo inconsciente, sentavam-se lado a lado, apoiando-se mutuamente. Os participantes partilhavam à volta de uma chávena de café, ou em silêncio, algumas das suas experiências e sofrimento (Kübler-Ross, 1982: 63).

Também havia algumas comunicações proferidas por Kübler-Ross sobre os doentes em fase terminal, as suas necessidades e reacções emocionais[54], assim como momentos de relaxamento e meditação para quem estivesse interessado (cf. Kübler-Ross, 1982: 69). Os cânticos e a música também faziam parte da programação dos *workshops* (cf. Kübler-Ross, 1982: 70). Segundo Kübler-Ross, no quarto dia ela partilhava com o grupo a evolução da sua vida, falavam acerca do destino do ser humano no seu aspecto físico e espiritual[55] e conversavam também acerca da carta que Kübler-Ross escrevera a Dougy, criança com nove anos e que morrera de cancro (cf. Kübler-Ross, 1982: 143). No que diz respeito a Dougy, ver ponto 2.2, do capítulo 2. No último dia, havia um ritual em que Kübler-Ross pedia a cada participante que deixasse para trás todos os sentimentos negativos de que até então era portador e recomeçasse uma vida mais plena:

Era pedido aos participantes que deixassem de uma forma simbólica, a sua dor, sofrimento, culpa, medo e vergonha, numa pinha e depois um a seguir ao outro colocavam-na no fogo. Os participantes partilhavam pela

---

[54] Michèlle Chaban, uma crítica do trabalho de Elisabeth Kübler-Ross, como já foi mencionado, afirma que os *workshops* serviram para a divulgação do modelo das reacções emocionais do doente em fase terminal (cf. Chaban, 2000: 19-20).

[55] Esta evolução do ser humano correspondia às crenças que Kübler-Ross tinha relativamente à reencarnação e também às suas experiências místicas. A este propósito, José Barros de Oliveira, referindo-se ao livro de Kübler-Ross *Working It through*, que é relativo aos *workshops*, assinala: "Num outro livro, *Working it through* (1982) [...] a autora repete em grande parte ideias já expressas anteriormente, algumas delas de difícil aceitação, como é o caso de «experiências extra-sensoriais» ou «extra-corporais» e ainda a reencarnação [...]" (Barros de Oliveira, 1998: 137).

última vez com o grupo o que estavam dispostos a deixar para trás e não levar para casa, não interferindo com a plenitude das suas vidas (Kübler-Ross, 1982: 71).

A composição do grupo determinaria experiências diferentes e formas de actuação diversas no decorrer do evento. Por isso, pensamos que se o grupo tivesse bastantes doentes em fase terminal, Kübler-Ross naturalmente adoptaria uma abordagem diferente do grupo que fosse constituído maioritariamente por pais que perderam um/a filho/a.

Os *workshops* tornaram-se famosos, a tal ponto que, segundo a autora, a dada altura havia uma lista de espera de mais de quinhentas pessoas para participarem no evento (cf. Kübler-Ross, 1982: 26). Contudo, não havia lista de espera para algumas pessoas consideradas prioritárias:

> Desenvolvemos uma política de não deixar que alguém com cerca de oitenta anos, alguém com uma doença em estado avançado ou alguém que estava na iminência de perder ou perdeu recentemente um ente querido, tivesse um longo tempo de espera para participar num workshop (Kübler-Ross, 1982: 73).

Os *workshops* tornaram-se um local de escape para muitas pessoas, à semelhança de um grupo de ajuda, sobretudo para quem necessitava de falar e lidar de forma mais saudável com as questões relativas à morte. Havia, inclusive, pessoas que frequentavam os *workshops* mais do que uma vez.

> Estamos gratos aos participantes dos workshops anteriores, que "estiveram presentes" e cresceram. Eles regressam um, dois ou três anos depois, para "recarregar baterias" e através das suas partilhas, dos seus exemplos de força interior, dos casos de coragem e honestidade dão o impulso àqueles que estão a iniciar o seu trabalho de crescimento (Kübler-Ross, 1982: 73).

Durante a realização destes encontros, a morte, o sofrimento, a angústia, o medo e a raiva, estavam muito presentes. Estes eram os assuntos e também os sentimentos partilhados pelos participantes. Não havia tabus: se alguém sentia uma dor profunda pela perda de um/a filho/a poderia expressá-la sem qualquer tipo de censura ou comentário. Os participantes nutriam uma solidariedade recíproca porque a dor e o sofrimento por causa da perda ou de uma situação clínica terminal era singular porque pessoal mas, simultaneamente, muito semelhante à de outros, pelos seus contornos profundamente humanos. Criava-se um clima de empatia e confraternização no grupo. Durante cinco dias, os participantes exprimiam as suas emoções, consciencializavam-se dos seus sentimentos reprimidos e havia uma tentativa para colocar de parte tudo o que era negativo nos pensamentos e actos e tentar viver a vida de forma mais saudável. Tentava-se encarar a morte como uma parte integrante da vida e não com o dramatismo e a angústia com que muitas vezes é vivida. No final havia um sentimento de coesão e aceitação incondicional entre as pessoas. Kübler-Ross pretendia que os participantes, para além da limpeza interior que efectuavam, também compreendessem que só através do amor incondicional ao outro, independentemente da cor, estrato social, ou qualquer outra característica, poderiam viver plenamente.

> Existe em cada um de nós um potencial de bondade para além da nossa imaginação; pelo facto de darmos sem receber; por ouvirmos sem julgar; por amarmos incondicionalmente. O nosso objectivo é atingir esse potencial e, se tentarmos aproximar-nos desta meta, quando encontrarmos esse caminho, teremos construido a nossa "casa da paz" dentro de nós mesmos (Kübler-Ross, 1982: 37).

Há inúmeros testemunhos de pessoas que frequentaram os *workshops* e que revelam uma experiência muito gratificante e transformadora das suas vidas. Kübler-Ross apresenta algumas cartas de participantes nos *workshop* no seu livro *Working It Through* (1982), relatando o significado das suas participações (cf. Kübler-Ross, 1982: 80-150).

Um dos participantes foi Rob, um pai que tinha perdido subitamente um filho por afogamento numa piscina. Estava completamente destroçado. Segundo Kübler-Ross, "Ele chegou ao workshop com uma tremenda quantidade de sofrimento e ira" (Kübler-Ross, 1982: 83). A perda súbita do filho conduziu-o a um estado de revolta, não conseguia olhar para piscinas e muito menos mergulhar, pois recordavam-lhe dolorosamente a morte do filho. A sua participação no *workshop* permitiu-lhe constatar que não estava sozinho, não era o único que tinha perdido um filho.

A partilha de experiências, a compreensão e aceitação dos outros participantes, nomeadamente pais enlutados, levaram Rob a enfrentar a vida e o seu problema e, num gesto de mudança, conseguiu mergulhar na piscina do local onde decorria o *workshop*. Para Kübler-Ross foi uma experiência comovedora, porque Rob abeirou-se dela "[...] E finalmente expôs alguns pensamentos e sentimentos que necessitava de partilhar (Kübler-Ross, 1982: 84). Rob, no fim do *workshop*, regressou a casa para junto da esposa e retomou a sua vida numa atitude completamente diferente.

Os *workshops* eram, poderei fazer este paralelismo, uma espécie de grupo de ajuda[56], como já se disse. Os próprios participantes iniciavam amizades e comunicavam entre si mesmo após os cinco dias do evento, criando relações que constituíam sustentáculos no decorrer das suas vidas. Poderei afirmar que, em termos de características, funcionavam como grupos de identificação, universalidade, catarse, coesão e altruísmo[57]. Constatei em primeiro lugar que as histórias de vida relatadas no grupo geravam uma identificação na dor e no sofrimento por parte dos participantes. Simultaneamente, ocorria uma estratégia de universalização das situações, isto é, as pessoas apercebiam-se de que não eram únicas na sua dor, mas, pelo contrário, que as circunstâncias que viviam perpassavam inexoravelmente muitos outros seres humanos. Era através da catarse, da já apontada partilha dos sentimentos negativos, do que estavam a sentir naquele momento de dor, que ocorria uma certa limpeza interior e uma libertação de um peso emocional que estaria amordaçado no íntimo da pessoa. Esta catarse constituiria uma das ferramentas fundamentais do *workshop*. Paralelamente, a coesão tornava-se uma realidade no grupo e, à medida que os dias avançavam, os participantes sentiam-se mais unidos pelos mesmos laços de dor e sofrimento. Deste modo, o altruísmo, a capacidade de dádiva ao outro e de ajuda estavam presentes e eram impulsionados pela própria Kübler-Ross. A mensagem da autora, no sentido de optarem pelo amor incondicional, era sinónimo do altruísmo que queria incutir no *workshop*. Especialmente relevante era a vontade que os participantes tinham, no final dos encontros, de ajudar e acompanhar pessoas que estavam numa fase final da vida, desviando-as da negação e da fuga.

---

[56] Em Portugal há, pelo menos, duas associações que funcionam como grupos de ajuda: A Nossa Âncora (Associação de apoio a pais em luto – http://www.anossaancora.org) e a APELO (Associação de apoio à pessoa em luto – http:// www.apelo.web.pt).

[57] Para um entendimento mais profundo acerca das características dos grupos de ajuda para pessoas numa fase de luto, ver CORR, Charles A.; NABE, Clyde M.; CORR, Donna M. (1994). *Death and dying, life and living*, 206-208.

Em síntese, os *workshops Life, Death and Transition,* que se realizaram desde 1973 até 1994 sob a orientação de Kübler-Ross, constituíram por um lado uma força de destruição do tabu da morte e, por outro, contribuíram para uma diminuição dos problemas psicológicos de muitas pessoas que participaram na sua realização[58]. Referindo, mais uma vez, a negação do tema morte no contexto social em geral e junto dos profissionais de saúde em particular, nota-se nos *workshops* uma forma de lidar com a temática da morte humana de uma forma aberta, sem qualquer constrangimento. Por outro lado, tentava-se encontrar caminhos possíveis para a pessoa aceitar, sem dramatismos, a sua própria mortalidade ou a de alguém que lhe era querida e morrera, continuando assim a viver o mais plenamente possível. A conjugação de experiências de dor e sofrimento era o ingrediente indispensável na sensibilização de todos os participantes, tanto para as necessidades dos que estavam numa fase final da vida, como também para as necessidades dos enlutados que estavam em sofrimento. Para Kübler-Ross, só a abertura pessoal ao outro, no amor incondicional, conduziria a uma diminuição do sofrimento e a uma vivência mais plena, em suma, mais saudável. Em última análise, o grande objectivo da autora é a consciencialização da necessidade de aceitar e acolher incondicionalmente o outro que está ao nosso lado e que sofre.

É com este mote que Kübler-Ross vai lançar também um olhar sobre as vítimas de uma das doenças mais mortíferas dos nossos tempos: a SIDA.

2.4. O desafio da SIDA
Na década de oitenta do século XX começou a aparecer uma entidade patológica desconhecida no meio médico: a SIDA. Kübler-Ross, não estando alheia aos problemas sociais que entretanto surgem, deu também um contributo importante no atendimento às vítimas do vírus da SIDA.

---

[58] Acerca dos grupos de ajuda, Marc-Louis Bourgeois, professor universitário e psiquiatra em Bordeaux – França, na sua obra *Deuil normal, deuil pathologique* (2003), aponta os grupos de ajuda como um recurso terapêutico na prevenção e tratamento do luto patológico e afirma que "De um modo geral, eles vêm completar outros tratamentos e podem incutir esperança, desenvolver a compreensão, o apoio social e os modelos de normalização e de universalidade. É um local para aprender e pôr em prática novas estratégias de coping (estratégias de adaptação) "(Bourgeois, 2003: 116).

PROBLEMÁTICAS DO FIM DE VIDA

Porém, a sua atenção começou a ser mais intensa a partir do momento em que a doença começou a ter uma incidência na comunidade homossexual da Califórnia.

No princípio dos anos oitenta, sabíamos muito pouco acerca desta doença. Tudo o que ouvíamos (muitos casos da comunidade homossexual da costa oeste) era que novos casos estavam a ser diagnosticados diariamente e em elevada extensão. Não havia registo de casos de mulheres homossexuais contaminadas. Pouco se sabia sobre a forma de transmissão (Kübler-Ross, 1987: 14).

Inicialmente, o desconhecimento sobre o modo como a doença se contraía era total. Mais tarde, começou a pensar-se que se trataria de uma doença própria de homossexuais, e só muito mais tardiamente é que se chegou à conclusão que a realidade da SIDA poderia afectar todos, independentemente da orientação sexual. Naturalmente que este percurso obscuro da doença, e da sua forma de transmissão, lançou o medo e conduziu a situações discriminatórias. Kübler-Ross, desde o primeiro momento, constatou as circunstâncias inumanas que os primeiros doentes tiveram que enfrentar. São variadas as denúncias que a autora faz nos primeiros anos do aparecimento da SIDA, e que se encontram relatadas no seu livro *Aids: The Ultimate Challenge*, publicado em 1987. Aí, descreve alguns dramas suscitados pela doença, desde os problemas dos bebés órfãos contaminados pelo vírus e abandonados em instituições hospitalares, até aos prisioneiros, também contaminados, nos estabelecimentos prisionais dos Estados Unidos e que não recebiam os cuidados de saúde adequados.

O primeiro contacto que Kübler-Ross teve com a realidade do mundo da SIDA aconteceu no início da década de oitenta. No meio de tantas solicitações de participação nos *workshops* que realizava, surge um pedido de um doente em fase terminal por SIDA. Com uma naturalidade própria, e sem qualquer atitude discriminatória, a autora aceita a sua participação e, em 1981, realizou um *workshop* com a participação de Bob, jovem com vinte e sete anos e com um quadro de SIDA instalado.

Bob tinha manchas espalhadas pelo corpo, o chamado sarcoma de Kaposi (cancro típico dos doentes com SIDA), exibindo um aspecto um pouco repulsivo. Contudo, quando Bob começou a contar a sua história, envolta em revolta, angústia e, em determinada altura, também em depressão, os participantes do *workshop* ouviram-no atentamente e ficaram comovidos. Desde o início que a doença se desenvolvera de uma forma galopante, levando ao emagrecimento e impedindo-o de comer nas devidas condições devido às feridas que apresentava na boca. Evitava a família com receio de ser rejeitado e, além do mais, não mantinha contacto com os pais, desde que se tinham inteirado da sua orientação homossexual. O relato de vida deste jovem em fase terminal sensibilizou os presentes, inclusive alguns que eram pais e que desconfiavam que os filhos estivessem doentes e com problemas similares em afirmar as suas orientações sexuais. Esses, saíram do *workshop* determinados a acolher e amar os filhos ou filhas se viessem a encontrar-se numa situação similar à de Bob. Houve transformações nas pessoas que assistiram ao *workshop* e, como nos relata Kübler-Ross, "Em vez de censura e mais sentimentos de culpa, eles cresceram em verdadeira compreensão e compaixão" (Kübler-Ross, 1987: 18).

A própria autora confessa que, inicialmente, sentiu uma certa dificuldade em encarar Bob, mas quando "[...] consegui vê-lo como um ser humano que sofria, com uma beleza e honestidade interior, não tive mais qualquer problema em partilhar com ele as refeições ou os abraços" (Kübler-Ross, 1987: 18).

Muitos foram os *workshops* que se seguiram com a participação de doentes em fase terminal devido à SIDA. Inclusive, realizou um *workshop* com a participação apenas de doentes em fase terminal contaminados pelo vírus da SIDA (cf. Kübler-Ross, 1987: 19). As histórias eram muito semelhantes, os jovens contaminados tinham que, numa primeira fase, enfrentar as famílias e, seguidamente, as mais variadas reacções da sociedade (cf. Kübler-Ross, 1987: 20).

Neste caso particular dos doentes contaminados e dos *workshops* poderei afirmar estar perante um paralelismo no percurso de vida de Kübler-Ross. Repare-se que entre os anos de 1967 e 1969 Kübler-Ross efectuou entrevistas a doentes em fase terminal, no *Billings Hospital* da Universidade de Chicago, perante um auditório. Nessa altura, procurava sensibilizar para as necessidades dos doentes e, simultaneamente, contribuir para uma desocultação do tema da morte. Ora, também nesta nova situação, os doentes em fase terminal contaminados pelo vírus da SIDA, ao participarem nos *workshops*, contribuíam para uma certa desocultação do medo da doença e da morte, provocando um alerta para as suas necessidades específicas. A própria autora reconhece que estes doentes, à semelhança de doentes com outras patologias, podem chegar à fase de aceitação, última etapa das reacções emocionais do doente em fase terminal.

> Será que os doentes com SIDA chegam a atingir a fase de aceitação e paz? Sim, o mesmo é verdade para todos os doentes em fase terminal. Se receberem e derem a si mesmos permissão para expressar a angústia e as lágrimas, a sensação de impotência face a um traiçoeiro vírus assassino e a uma sociedade que os discrimina, [...]; se tiverem um sistema de apoio com pessoas que lhes queiram bem e os aceitem, dando-lhes o carinho que todos os seres humanos necessitam, especialmente quando estão doentes então, a partir daí, é que irão atingir a fase de paz e serenidade que faz da morte um sono tranquilo, rumo a outra forma de existência (Kübler-Ross, 1987: 10-11).

Muitos doentes contaminados pelo vírus da SIDA, e referindo-me particularmente aos anos oitenta do século passado, época em que a autora relata algumas situações e em que o estado do conhecimento científico relativo ao vírus era deficitário, viram as suas vidas completamente destruídas. Por um lado, porque não havia tratamento específico para a doença (apenas tratamento sintomático), por outro porque socialmente foram catalogados como pervertidos, pessoas não normais que estavam a pagar pelos seus erros. A partir do momento em que a pessoa tinha um diagnóstico definitivo, com sinais exteriores de debilidade imunitária, era rejeitada, deixava de ter relações sociais e ficava dependente da bondade de alguém que não sentisse repulsa ou constrangimento em atender às suas necessidades. Como tão bem nos afirma a autora, se uma determinada pessoa tem a sua esposa a morrer com cancro, encontra alguma empatia pela sua situação de doença e sofrimento e até receberá alguma ajuda de familiares e amigos. Pelo contrário, se a esposa está contaminada com o vírus da SIDA, então a solidariedade será praticamente nula, e "[...] se ocasionalmente alguém lhe fizesse algumas compras, deixá-las-iam à porta do apartamento com a desculpa de 'não querer incomodar' (Kübler-Ross, 1987: 9).

A autora, numa das suas entrevistas com doentes em fase terminal com SIDA, apresenta um relato que é ilustrativo do medo e da discriminação que vigoravam na sociedade:

> Algo aconteceu após a minha alta hospitalar, quando fui de visita ao meu local de trabalho [...] Eu observei-os a lavarem todos os lápis em que toquei

e onde me sentei; e sei que quando saí deitaram todas as coisas ao lixo. Provavelmente utilizaram Kleenex e desinfectaram-se (Kübler-Ross, 1987: 209).

Kübler-Ross conhecia esta realidade da época. No entanto, houve uma carta que recebeu de uma mãe, contaminada pelo vírus da SIDA, que a sensibilizou particularmente:

> Cara Drª Ross, tenho um filho de três anos de idade com SIDA. Já não posso cuidar dele. Ele come e bebe muito pouco. Quanto é que cobra por tomar conta dele? (Kübler-Ross, 1987: 56; Kübler-Ross, 1997: 245).

Esta pequena carta, entre tantas outras que recebia diariamente, chamou particularmente a atenção da autora para uma realidade que estava a acontecer: o aparecimento de crianças órfãs de pais que morreram de SIDA, estando elas mesmas também contaminadas com o vírus. O grande drama era a incapacidade dos pais para deixarem o filho ou a filha em alguma instituição, pela sistemática recusa dos responsáveis dessas organizações. A partir destes dados, Kübler-Ross pensou na forma como essas crianças estariam a ser cuidadas nos hospitais, se para além dos tratamentos médicos receberiam o afecto necessário, tanto mais quando se pensava que o tempo de vida dessas crianças seria curto. Kübler-Ross refere que até tinha pesadelos com bebés contaminados com o vírus da SIDA que não recebiam qualquer forma de amor e carinho (cf. Kübler-Ross, 1997: 246). A autora aponta alguns casos verídicos e dramáticos de crianças em risco de abandono:

> [...] na Flórida, uma mãe com SIDA em fase avançada, nos seus últimos meses de vida, tentou desesperadamente encontrar um local para cuidarem a sua filha (que também estava contaminada), após a sua morte. Mais de setenta instituições rejeitaram o seu pedido e acabou por morrer sem saber quem iria cuidar da sua filha. [...] uma mãe perguntava (a Kübler-Ross) se poderia tomar conta da sua filha infectada com SIDA, "ninguém lhe quer tocar" afirmou (Kübler-Ross, 1997: 245).

A insustentável ideia do abandono destas crianças conduziu Kübler-Ross a pensar em criar um centro de acolhimento na sua quinta de *Healing Waters*, na Virginia, para crianças entre os seis meses e os dois anos de vida, contaminadas com o vírus da SIDA. Como já referi, a esperança de vida destas crianças era curta, e, deste modo, a intenção da autora era acolhê-las e cuidar delas, sabendo que se encontravam numa fase terminal da vida.

Kübler-Ross comunicou a sua intenção de criar um centro para crianças com SIDA numa palestra que proferiu a 2 de Julho de 1985 no *Mary Baldwin College*, de Staunton, na Virgínia. Contudo, como já se viu no capítulo inicial deste ensaio, a situação complicou-se porque a população da comarca de Highland, na Virgínia, local onde se situava a quinta *Healing Waters*, era maioritariamente contra semelhante empreendimento.

> O telefone tocava com chamadas excêntricas. Muitas cartas esperavam-me em casa. "Leva os teus bebés com SIDA para outro lugar", dizia uma das cartas anónimas, que espelhava a opinião popular. "Não nos infectes". Desde que anunciei o meu plano para criar um centro para bebés com SIDA, a população de Highland County começou a protestar. As pessoas não estavam particularmente bem informadas sobre a SIDA e os seus receios foram facilmente inflamados. [...] (Kübler-Ross, 1997: 251).

Para esclarecer todas as dúvidas e tentar serenar os receios da população foi organizada uma sessão pública de esclarecimento. Durante a sessão, que reuniu cerca de metade dos habitantes da zona, Kübler-Ross, juntamente com Clifford Caplen, director *do Staunton Health Department* e do *Central Shenandoah District*, Sandy Mewyer, doutorado em comportamento humano, Donald F. Babb, patologista, e Henry Taylor, médico internista, responderam a inúmeras questões da população relativas ao curso natural da doença, formas de contágio e assistência às crianças, entre outras temáticas. Contudo, apesar dos esforços e das informações científicas divulgadas, a maioria da população não queria o centro de acolhimento nas suas paragens. Colocava em causa todos os dados de Kübler-Ross e dos restantes elementos, não queriam a importação da doença para a sua terra e pensavam que as crianças deveriam ficar nos hospitais das grandes metrópoles, como Nova Iorque, não devendo viajar para Highland (cf. Kübler-Ross, 1987: 61-106).

Esta resistência que Kübler-Ross enfrentou é similar ao problema que teve no *Billings Hospital*, em que havia uma negação da temática da morte nos profissionais de saúde e também uma resistência fortíssima em indicar um doente em fase terminal. Também nesta nova situação, a população, apesar de não negar o problema da SIDA de forma directa, negava-o indirectamente, não querendo nada com o assunto, numa tentativa de ocultar o problema. Ele existia, é certo, mas não ali, no local onde viviam.

A população não queria doentes contaminados nas suas terras, receando uma contaminação geral e temendo a morte. Apesar da pouca informação que ainda havia na época, alguns dados já estavam adquiridos com bastante certeza, nomeadamente as formas de contaminação, o que denota uma atitude nada solidária e nada humanizadora por parte da população em causa. À semelhança dos doentes em fase terminal que eram neglicenciados, também poderemos considerar que, neste caso, os/as bebés com o vírus da SIDA foram também vítimas de uma rejeição desta população, que não se queria envolver neste problema. Mais uma vez, constata-se o envolvimento da autora, por um lado na luta pela não discriminação das pessoas portadoras do vírus e, por outro, no alerta para as necessidades dos doentes, especialmente os mais vulneráveis, os/as bebés com SIDA.

Ao fim de um ano de tentativas para a concretização das suas ideias, durante o qual a autora foi ameaçada, insultada e considerada *persona non grata* pela comunidade, desistiu da sua ideia de construir um centro para bebés vítimas da SIDA. Para além da oposição da população, as próprias autoridades locais estavam a entravar o processo com questões burocráticas (cf. Kübler-Ross, 1997: 253).

Contudo, como também já referi no capítulo 1, esta aparente desistência tinha uma nova ideia por detrás. Se não podia criar um centro, então poderia encontrar pessoas que estivessem dispostas a adoptar crianças infectadas. Com os inúmeros contactos que tinha obtido através dos *workshops*, começou a árdua tarefa de encontrar famílias que acolhessem bebés contaminados (cf. Kübler-Ross, 1987: 140-141; Kübler-Ross, 1997: 253).

Este trabalho teve os seus frutos e, nas suas palavras, "[...] Encontrei pelo país fora, 350 pessoas que com amor e carinho adoptaram crianças com SIDA" (Kübler-Ross, 1997: 254).

Apesar da sua preocupação real com os bebés vítimas da SIDA, Kübler-Ross não esqueceu outros grupos de pessoas que tinham pouca ou nenhuma voz reivindicativa e poderiam estar numa situação muito penosa. Nesta linha, a autora, ao visitar as comunidades de ajuda a doentes da SIDA que existiam na Califórnia, pensou como seria difícil a vida de um doente com SIDA num estabelecimento prisional. Este pensamento foi confirmado numa visita que efectuou ao estabelecimento prisional de Vacaville, na Califórnia, deparando-se com um cenário dantesco. Primeiro, a negação por parte dos responsáveis da cadeia de que pudesse haver reclusos doentes com SIDA e, segundo, a constatação viva de prisioneiros em fases avançadas da doença, quase sem conseguirem sair do leito, sem poderem alimentar-se porque tinham infecções na boca e garganta, não conseguindo por isso ter uma alimentação adequada, para além de não terem a prestação de cuidados mínimos de saúde. Além do mais, a isto acrescia a discriminação de que eram alvo por parte dos outros reclusos, dos próprios guardas prisionais e até mesmo dos profissionais de saúde (cf. Kübler-Ross, 1987: 283-286).

> As coisas que vi dentro das prisões confirmaram os meus piores receios. Havia de facto oito reclusos a morrerem de SIDA. Sofriam sem cuidados decentes e viviam em condições totalmente deploráveis, cada um isolado na sua cela. Somente dois eram capazes de caminhar e de dar uma volta; os outros estavam demasiado fracos para saírem das camas. Disseram-nos que não tinham arrastadeiras nem urinóis e por isso eram forçados a urinar nas suas canecas e depois a despejá-las pela janela (Kübler-Ross, 1997: 247).

Kübler-Ross viu um recluso com lesões devido ao sarcoma de Kaposi que pedia incessantemente por algum tratamento e aguardava, dia após dia, a visita do médico e a sua autorização para efectuar tratamento fora da prisão, num hospital. A autora falou com outro recluso que também se encontrava numa fase terminal por SIDA e que implorava que lhe fosse dada a hipótese de contactar a família, que não sabia que ele estava preso. Não tinha com quem falar, não tinha na cela televisão ou rádio e também não tinha livros para ler, desconfiando que a direcção da prisão impedia que lhe chegassem livros para não "espalhar" a doença. Tinha pedido uma audiência com o responsável da cadeia mas este, três semanas depois, respondeu enviando um recado para que o prisioneiro fundamentasse o seu pedido. Nas palavra de Kübler-Ross, o recluso "[...] sentia que a morte estava iminente, e queria pôr tudo em ordem, deixar uma carta para a família, mas ninguém se interessava pelos seus problemas (Kübler-Ross, 1987: 235). Muitos mais problemas foram identificados durante as entrevistas que Kübler-Ross efectou a alguns reclusos com SIDA na cadeia, desde o desânimo ao medo da morte, passando pela revolta, solidão e pelo sentimento de rejeição (cf. Kübler-Ross, 1987: 292-303).

EDUCAR PARA A MORTE

Perante estas circunstâncias, Kübler-Ross iniciou um projecto que, segundo a autora, foi um dos que teve mais sucesso. O seu projecto consistia em visitar periodicamente os reclusos com SIDA, especialmente os que se encontravam numa fase terminal, e identificar os problemas que enfrentavam no dia-a-dia da prisão.

> Em Dezembro de 1986, dois dos meus melhores colaboradores da Califórnia, o Bob Alexander e a Nancy Jaicks, iniciaram visitas de apoio semanais aos prisioneiros com SIDA em Vacaville. Os seus esforços inspiraram o Departamento de Justiça dos Estados Unidos a investigar as condições de vida dos reclusos com SIDA em todas as prisões (Kübler-Ross, 1997: 247).

Em 1987 já havia relatos da melhoria da assistência aos reclusos com SIDA na prisão de Vacaville, de acordo com a carta enviada à autora, em 24 de Agosto, por Bob Alexander e Nancy Jaicks, dois colaboradores (cf. Kübler-Ross, 1987: 310-314). Uma década depois, em 1997, Kübler-Ross visitou a referida prisão e pôde verificar que a situação de desumanização vivida anteriormente dera lugar a um ambiente de compaixão para com os reclusos com SIDA em fase terminal. A alimentação tinha melhorado, os cuidados de saúde estavam adequados e havia assistência psicológica e espiritual (cf. Kübler-Ross, 1997: 247).

Este último desafio de Kübler-Ross, de trabalho com doentes com SIDA, tornou-se um retorno às suas origens relativamente aos doentes em fase terminal. O seu trabalho consistiu basicamente numa denúncia do *status quo* em que se encontrava o problema social da SIDA, efectuando uma chamada de atenção para as pessoas mais vulneráveis que se encontravam infectadas. A discriminação foi um facto que a sociedade, perante o desconhecimento e o medo, aplicou a muitas pessoas: "São rejeitados e estigmatizados em toda a parte – pelo próximo, pela família, pelos companheiros de trabalho e até mesmo pela Igreja" (Kübler-Ross, 1987: 317-318). E aqui, neste particular, os homossexuais foram os primeiros a sentir este problema, pelo facto de a doença ter entre eles uma grande incidência nos seus primórdios.

Porém, como vimos, as crianças também foram objecto de discriminação. A própria autora sentiu a rejeição do seu projecto de acolher bebés com SIDA, como já tinha referido anteriormente (cf. Kübler-Ross, 1987: 317).

Perante todas estas situações, Kübler-Ross aponta o mesmo caminho: o da aceitação e acolhimento incondicional do outro que sofre, atendendo às suas necessidades, especialmente quando se encontra na fase terminal da vida. O desafio fica colocado:

> Se tirarmos a venda dos olhos, veremos claramente o trabalho que temos pela frente. É tempo de separar o trigo do joio. Vamos ter que optar entre rejeitar milhões ou oferecer-lhes ajuda, calor humano e acolhimento. [...] Iremos optar pelo ódio e discriminação ou teremos coragem para optar pelo amor e acolhimento? (Kübler-Ross, 1987: 319-320).

Capítulo 3
As Críticas ao Trabalho de Kübler-Ross

Nos capítulos precedentes, descreveu-se o pensamento de Elisabeth Kübler-Ross ao longo do tempo e de acordo com a sua vasta obra. Contudo, seria impensável evidenciar o pensamento da autora negligenciando algumas críticas a que foi sujeito. No entanto, não é objecto deste capítulo enumerar todas as críticas que fui encontrando na minha investigação. Na medida em que o objectivo deste trabalho é o de estudar o pensamento de Kübler-Ross e as suas implicações na educação para a morte, penso que as críticas a que farei referência contribuirão acima de tudo para uma visualização mais aprofundada e abrangente do seu pensamento.

Desde já, pode-se dizer que as críticas de que Kübler-Ross é alvo dividem-se em duas grandes áreas: por um lado, críticas que incidem na sua descrição do conjunto de reacções emocionais do doente em fase terminal (ver ponto 2.1.1 do capítulo 2); por outro, críticas às suas incursões na problemática da vida para além da morte. De acordo com explicitações já fornecidas anteriormente, deter-me-ei apenas nas primeiras e, mesmo assim, de uma forma genérica, por não me parecer que afectem a importância que neste ensaio se atribuiu ao trabalho de Kübler-Ross, atendendo ao ângulo de análise escolhido.

Muitos autores, especialmente do campo da psicologia, reconhecem o papel primordial e inédito de Kübler-Ross na atenção que dedicou aos doentes em fase terminal. A este propósito, Nelda Samarel, do departamento de enfermagem do *William Paterson College,* de New Jersey, num artigo intitulado "The Dying Process", descreve de modo elucidativo a influência de Kübler-Ross:

> Talvez a personalidade mais conhecida e mais influente dentro do grupo de pioneiros, que descreveu as necessidades negligenciadas dos doentes em fase terminal é a psiquiatra Elisabeth Kübler-Ross (1969), que postulou as cinco fases emocionais do morrer. O seu livro *On Death and Dying* foi traduzido em mais línguas do que a Bíblia e tem sido a publicação mais instrumental na mudança das atitudes e comportamentos perante a pessoa no fim de vida. [...] Mais importante, Kübler-Ross foi uma pioneira ao focar o seu trabalho no ser humano e não nos aspectos biomédicos do morrer, encorajando os profissionais de saúde a ajudar através da escuta com compaixão (Samarel, 1995: 93-95).

Em sintonia com esta autora, Shelley Taylor, professor de psicologia na Universidade da Califórnia, aponta o trabalho de Kübler-Ross, nomeadamente a descrição das reacções emocionais do doente em fase terminal, como de valor inestimável, tendo contribuído para a queda do silêncio e do tabu instituído à volta da morte, tornando a temática objecto de estudo científico e de preocupação social (cf. Taylor, 1995: 471).

George Burnell, médico que escreveu um livro acerca das questões éticas no fim de vida, intitulado *Final choices: to live or to die in an age of medical techonology* (1993), indica no prefácio que: "Não ocorreu antes de Elizabeth-Kübler-Ross, a psiquiatra que apoiou centenas de doentes em fase terminal e escreveu o seu livro em 1969, a morte sair do 'armário' e atingir a consciência de milhões de pessoas" (Burnell, 1993: vii).

Por outro lado, Charles Corr, professor na *Southern Illinois University*, em Edwardville, estudioso sobre as questões da morte, refere que Kübler-Ross chamou a atenção dos profissionais de saúde em particular, e do público em geral, para as necessidades da pessoa que se encontra numa fase terminal. Simultaneamente, na sua opinião, ela "[...] ajudou a causar mudanças significativas na forma como muitas pessoas pensam acerca da morte" (Corr, 1993: 71), contribuindo também, embora em menor escala, para o *empowerment* dos doentes em fase terminal, "[...] chamando a atenção para os sentimentos, reacções e actividades daqueles que estão a lidar com o morrer" (Corr, 1993: 80). Ainda na mesma linha, Corr é taxativo ao afirmar que o conjunto das fases emocionais do doente em fase terminal

AS CRÍTICAS AO TRABALHO DE KÜBLER-ROSS

Contribuiu para que a situação das pessoas em estado terminal e os temas relacionados com o *coping* da morte chegassem ao grande público e à atenção dos profissionais. Identificou padrões comuns nas respostas psicossociais a situações difíceis, e atraiu a atenção para os aspectos humanos da convivência com doentes terminais, para os fortes sentimentos experimentados por essas pessoas [...] (Corr, 2004: 489).

Para além disto, o mesmo autor, juntamente com mais dois estudiosos da matéria, Clyde Nabe (*Southern Illinois University*) e Donna *Corr (St. Louis Community College)*, julgam que poderemos retirar algumas lições do trabalho de Kübler-Ross:

– chamou a atenção para o facto de que os que se encontram numa fase terminal estão vivos, são seres humanos vivos com necessidades que terão de ser atendidas;
– alertou para a necessidade de encararmos a morte como um processo vital e humano e não como algo estranho e abjecto;
– alertou para a necessidade de desenvolvermos a nossa escuta activa junto dos que estão numa fase final da vida para nos tornarmos cuidadores efectivos e identificarmos as necessidades dos que estão nesta etapa da vida;
– afirmou que precisamos de perceber que aprenderemos muito se nos abeirarmos do leito dos que se encontram numa fase final da vida. Desta forma, tomamos consciência da nossa vulnerabilidade, da nossa finitude e também da nossa "resiliência", adaptabilidade e interdependência dos outros (cf. Corr, 1993: 75-76; Corr, Nabe, Corr, 1994: 115; Corr, 2004: 489-490).

Contudo, e apesar destes apontamentos positivos, há um conjunto de críticas negativas que rodeiam o trabalho de Kübler-Ross e que incidem, como já referi, especialmente sobre as fases emocionais do doente em fase terminal. Logo numa primeira leitura, percebe-se que alguns críticos consideram as fases emocionais como um "stage-based model" e outros como uma "stage theory". Esta é, naturalmente uma questão técnica, que não irei esmiuçar por não me parecer que contribua de um modo pertinente para os objectivos deste trabalho. Contudo, faço uma chamada de atenção para esta temática, dizendo que Kübler-Ross em nenhuma altura da sua obra considera as fases emocionais por que passa o doente em fase terminal como um "modelo" ou uma "teoria". A autora falou sempre em "«stages» of dying" (cf. Kübler-Ross, 1969: 265). Julgo que Kübler-Ross nunca teve na sua mente a intenção de fazer corresponder as suas fases a um "modelo" ou uma "teoria" das reacções emocionais do doente em fase terminal, muito menos a intenção de enveredar pela discussão do que, em rigor, deveria ser entendido por um "modelo" e uma "teoria". Muito simplesmente, actuou como se a questão não lhe dissesse respeito, ou nem sequer se apercebesse da sua existência. O que pretendia acima de tudo era descrever como reagiam os doentes em fase terminal e, deste modo, como já referi neste ensaio, alertar para as suas necessidades. Ainda assim, ao longo deste capítulo sobre as críticas ao seu trabalho, o conjunto das reacções que descreveu será umas vezes designado de "teoria" e outras de "modelo", consoante a posição dos autores consultados.

Há alguns autores que consideram que as fases emocionais propostas por Kübler-Ross não se baseiam numa metodologia credível, não podendo por isso ser consideradas como um instrumento de trabalho nos cuidados ao doente em fase terminal (cf. Corr, 1993; Corr, Nabe e Corr, 1994; Chaban, 2000).

Em particular, Robert Kastenbaum, psicólogo na *Massachusetts University*, em Boston, refere os seguintes pontos negativos do modelo (*stage-based model*) de Kübler-Ross, que o tornaram pouco credível:

– a existência das fases emocionais ainda não foi demonstrada;
– não há evidência de que a pessoa passe da fase 1 (negação) à fase 5 (aceitação);
– as limitações da metodologia usada pela autora ainda não foram discutidas;
– não há uma distinção suficiente entre descrição das etapas e uma quase prescrição das mesmas, isto é, correr-se-ia o perigo de tender a considerar que, em fase terminal, se deveria passar pelas várias fases emocionais descritas como se de uma prescrição se tratasse;
– a totalidade da pessoa é negligenciada em favor das supostas etapas das reacções emocionais;
– as forças, as pressões e as características do ambiente em que os doentes entrevistados por Kübler-Ross estavam envolvidos não

foram tidas em conta na formulação do modelo. Por outras palavras, por exemplo o estrato social de que o doente era proveniente pode ter influenciado a sua atitude e actuação, mas este aspecto não foi tido em conta pela autora (cf. Corr, 2004: 490; Corr, 1993: 70; e Corr, Nabe e Corr, 1994: 114).

Como apontam alguns autores, passados todos estes anos não houve confirmação de que o modelo de Kübler-Ross fosse válido e fiável (cf. Corr, Nabe e Corr, 1994: 114).

Alguns outros críticos também consideram o modelo de Kübler-Ross inadequado, chegando mesmo ao ponto de o caracterizar como superficial e até mesmo enganador (cf. Feigenberg, 1980, Pattison, 1977, Schneidman, 1980 e Weisman, 1977, cit. por Corr, Nabe e Corr 1994: 114). Segundo Charles Corr, o uso do modelo das fases emocionais proposto por Kübler-Ross está condenado ao fracasso porque é inadequado e não responde ao processo de morrer, pois "as fases são muito rígidas, muito lineares e, acima de tudo, muito passivas [...]" (Corr, 1993: 77).

Em consonância com esta última afirmação, há autores que consideram que não temos fundamentos para pensar que existem apenas cinco reacções emocionais pelas quais passa um doente em fase terminal. Perante a proximidade da morte, a pessoa poderia actuar de uma forma mais rica e diversificada, e sempre de uma forma profundamente individual (cf. Corr, 1993: 73; Corr, Nabe e Corr, 1994: 114). Como afirma Burnell, "Ao longo das últimas duas décadas, falei aproximadamente com cem indivíduos em fase terminal e seus familiares. Estou convencido que cada pessoa tem a sua forma de morrer, tal como tem a sua forma de viver" (Burnell, 1993: 19).

Por outro lado, pensar que o doente tem uma forma certa para bem morrer é incorrecto e até desumano. Alguns críticos pensam que a transformação de um modelo descritivo das etapas emocionais em linhas normativas é característico de certos seguidores de Kübler-Ross, mas também pensam que é sugerida pela própria linguagem do livro *On Death and Dying* (cf. Corr, 1993: 70). Pessoalmente, a linguagem do livro não me conduziu a uma perspectiva normativa, antes pelo contrário. Penso que a riqueza das experiências relatadas revela acima de tudo facetas diversificadas da vivência da proximidade da morte. No entanto, penso também que, eventualmente, o esquema que Kübler-Ross apresenta no livro sobre este assunto pode ter conduzido a uma concepção normativa sobre as reacções emocionais do doente em fase terminal, pois é sempre mais facil simplificar o que é complexo do que tentar apreender essa mesma complexidade (cf. Kübler-Ross, 1969: 265).

Mas, mesmo que existissem somente estas cinco reacções emocionais, não há fundamento para pensarmos que estão interligadas, como se de um processo unidireccional e ascendente se tratasse. As cinco reacções emocionais por que passariam os doentes em fase terminal não apresentariam uma direcção obrigatória, isto é, não teríamos de pensar que o doente passará de uma fase de negação para uma de raiva e depois para uma de negociação, entrando em estado depressivo até chegar à aceitação.

Neste pormenor, é importante realçar que a culpa da transformação do suposto "modelo" de Kübler-Ross em algo prescritivo e sequencial não será inteiramente da autora. Os psicólogos Constança Paúl e António Fonseca vão também neste sentido, afirmando que

> O modelo de Elisabeth Kübler-Ross não pretende ser um modelo normativo. De facto, apesar de não ter sido intenção da autora que o seu modelo diga às pessoas o que e como se devem sentir face à sua própria morte, muitas vezes é usado e entendido dessa forma (Paúl e Fonseca, 2001: 136).

Note-se que as reacções poderão apresentar-se sequencialmente mas, como já referi no capítulo 2 deste trabalho, a autora advertiu que o doente poderia ficar sempre na etapa de negação, passar para a seguinte ou mesmo regredir (cf. Kübler-Ross, 1969: 264; Kübler-Ross, 1974: 25-26).

A este propósito, vejamos como Burnell descreve criticamente a adopção do modelo sequencial por parte dos profissionais de saúde:

> Kübler-Ross alerta-nos para o facto de que nem todos os doentes em fase terminal passam por todas as fases e nem sempre progridem pela ordem que foi descrita. No entanto, muitos profissionais de saúde, doentes e familiares que lêem os seus livros, por vezes insistem que vêem todas as fases no doente no estado terminal, até impondo o seu entendimento a outros que lidam com as mesmas situações. Em determinadas alturas, ouço médicos e enfermeiros a lamentarem-se porque o doente que morreu "não passou para a fase de aceitação e permaneceu na negação (Burnell, 1993: 19).

O que se poderá concluir é que o modelo sequencial e unidireccional era mais atractivo porque mais simplista, oferecendo respostas fáceis aos profissionais de saúde, que julgavam agora deter mais um saber sobre os doentes em fase terminal. Digamos que, com o carácter sequencial, e fixista do processo do morrer através das fases emocionais do doente em fase terminal, o profissional de saúde teria acesso e poderia prever o que até então estava fora do seu domínio e capacidade de manipulação. Com esta esquematização poderia diagnosticar, à semelhança do que faz geralmente em relação ao percurso de uma doença, a etapa em que se encontra a pessoa no fim de vida. Ora esta perspectiva, acompanhando uma deturpação do pensamento da autora, conduziu a situações desumanizadoras nos cuidados de saúde. Por um lado, muitos profissionais de saúde "[...] esperam que o doente em fase terminal passe por todas as fases pela ordem estabelecida, e ficam aborrecidos quando o doente não morre bem" (Taylor, 1995: 472). Por outro, muitos dos que cuidavam de doentes em fase terminal começaram a catalogá-los como "o caso da raiva" ou "o caso da depressão" (cf. Corr, Nabe e Corr, 1994: 114). A este propósito, Charles Corr alerta-nos para o irónico da situação: Kübler-Ross lutou contra a desumanização dos cuidados ao doente em fase terminal para que, "[...] lamentavelmente, os que abusaram da sua teoria começassem a tratar as pessoas em estado terminal como «um caso de revolta» ou «um caso de depressão»" (Corr, 2004: 490)

Ainda relativamente ao dito modelo, constata-se uma outra crítica: a ausência da individualização dos casos. Para Charles Corr, um modelo, para lidar com as questões da morte, deve enfatizar tanto o que é universal como os aspectos individuais, particulares de cada pessoa no fim de vida.Ora, o modelo das fases emocionais de Kübler-Ross, segundo Charles Corr, está fundamentado em generalizações e, portanto, é simultaneamente atractivo e perigoso. Atractivo, porque através das fases emocionais visualiza-se algumas das reacções da pessoa perante a morte; perigoso, porque estas são apenas algumas das reacções das pessoas, capazes de evidenciarem múltiplas atitudes face ao processo de morrer mas que não encaixam dentro do modelo supostamente estabelecido como fixista e normativo (cf. Corr, 1993: 78).

Na sequência desta crítica, alguns autores apontam no modelo de Kübler-Ross a ausência de uma perspectiva holística, isto é, constata-se que a autora se limitou a referir os sentimentos e reacções psicossociais do doente em fase terminal, não observando outras dimensões do ser humano perante a morte:

> [...] O modelo de Kübler-Ross não dá igual atenção a todas as dimensões do ser humano. Ao limitar-se aos sentimentos e reacções psicossociais, atende principalmente a aspectos ou segmentos de como a pessoa enfrenta os problemas da vida e não oferece uma perspectiva holística no mais humano de todos os processos (Corr, 1993: 79).

Refira-se, nesta linha, que o modelo das fases emocionais também não deu a devida importância à ansiedade presente no doente, reacção que alguns investigadores sugerem ser uma das respostas mais comuns a seguir à depressão (cf. Taylor, 1995: 472).

Para além dos autores e das autoras já referidas na crítica ao trabalho de Kübler-Ross, um lugar de destaque deve ser atribuido a Michèle Catherine Gantois Chaban, que actualmente exerce funções de "clinical thanatologist" no *Temmy Lather Centre for Palliative Care,* em Ontário, Canadá. Na sua tese de doutoramento, Chaban desenvolveu um trabalho crítico acerca da vida e obra de Elisabeth Kübler-Ross[59], ressaltando o seu impacto no movimento de consciencialização da morte e no desenvolvimento dos "hospícios" (hospitais de retaguarda ou unidades de cuidados paliativos)[60].

O trabalho de pesquisa de Chaban baseia-se na tentativa de colocar em questão quase todo o pensamento de Kübler-Ross. Por um lado, Cha-

---

[59] A tese de Michèle Chaban, *The life work of Dr. Elisabeth Kübler-Ross and its impact on the death awareness movement* (2000), efectua também uma crítica às ideias de Kübler-Ross acerca das experiências próximas da morte e acerca da crença da autora numa vida para além da morte. Como foi referido desde o início deste trabalho, não menosprezando esta temática, nem a escamoteando da vida de Kübler-Ross, não é, contudo, objectivo desta pesquisa focalizar estas temáticas.

[60] Para o presente trabalho, optei por utilizar indiferentemente o termo "hospícios", "hospitais de retaguarda" ou "unidades de cuidados paliativos", tendo em conta que são unidades de saúde destinadas a cuidar de pessoas que se encontram nos últimos tempos de vida. Nestes casos, a medicina já não apresenta propostas de cura, mas somente de acompanhamento. Os termos "hospícios" e "hospital de retaguarda" são mais utilizados no mundo anglo-americano, ao passo que o termo "unidades de cuidados paliativos" é mais comum em muitos países europeus.

ban considera Kübler-Ross como a líder do movimento de consciencialização da morte que começou a emergir a partir da década de sessenta do século XX. Por outro lado, considera que a autora é uma das impulsionadoras dos "hospícios", mas questiona todas as suas ideias enquanto fundamentadoras e orientadoras da prática nos cuidados aos doentes em fase terminal. Esta crítica visa

> [...] explicar porque o paradigma tanatológico de Kübler-Ross, que dominou os cuidados ao doente em fase terminal nos últimos 25 anos no sistema de saúde da América do Norte [...] não funciona eficazmente, especialmente à pessoa no fim de vida, no luto ou no apoio aos cuidadores (Chaban, 2000: vii).

Para ela, é inadequado o termo "staging", que Kübler-Ross utiliza para descrever as etapas emocionais por que passam os doentes em fase terminal. Para Chaban, a palavra "staging" indica uma via unidireccional, e mesmo ascendente, que em nada beneficia os cuidados aos doentes:

> Estádio é um termo tecnológico, é um termo que em medicina deve estar familiarizado. Como tal, poderá ser usado frequentemente neste campo. [...] É talvez um valioso modelo para referir o estado patológico mas não necessariamente o melhor termo para se utilizar na humanização dos cuidados no fim de vida (Chaban, 2000: 67).

Chega mesmo a recomendar à autora que, se não queria que todo o processo das etapas emocionais do doente em fase terminal fosse encarado como sequencial e progressivo, então deveria escolher outra nomenclatura. Aliás, "A escolha de um conceito alternativo à palavra estádio, poderia ter evitado muitas das críticas negativas dirigidas a Kübler-Ross e à sua teoria" (Chaban, 2000: 34).

A sua crítica continua e começa logo por incidir sobre a existência de fases emocionais no doente em fase terminal. Atribui-lhe, ao conjunto destas fases, o estatuto de teoria e, a partir deste dado, vai dissecar todas as falhas, incongruências e até mesmo supostas falsidades da suposta teoria ("staging theory") de Kübler-Ross (cf. Chaban, 2000: 63-92). Para Chaban, Kübler-Ross escreveu uma teoria pouco fundamentada porque alicerçada numa pesquisa deficitária, sem controlo, altamente subjectiva, com a presença excessiva de factores pertencentes à vida particular de Kübler-Ross, como por exemplo os seus valores. Todos estes indicadores

EDUCAR PARA A MORTE

conduzem Chaban a afirmar que a teoria não tem suporte científico e, como tal, não servirá como modelo para os cuidados à pessoa em fase terminal. As críticas a Kübler-Ross resultam da "[...] instabilidade da teoria, falta de metodologia, ausência de adesão a um protocolo de pesquisa [...] (Chaban, 2000: 347)

Paralelamente, efectua uma análise comparativa entre a descrição feita por Kübler-Ross das fases emocionais do doente em fase terminal e a esquematização que aparece no livro *On Death and Dying*, encontrando algumas incongruências. A sua conclusão é a seguinte:

> Não é similar o que Kübler-Ross escreveu comparativamente com o diagrama do modelo das fases emocionais. Existem numerosas distinções e acréscimos entre os dois modelos. As teorias têm incluído múltiplos elementos que podem ser variados, componentes de etapas ou sub-etapas [...] Ter dois modelos no mesmo livro é confuso e confunde a sua aplicação (Chaban, 2000: 103).

Contudo, reconhece que, apesar das críticas, as ideias de Kübler-Ross continuam a ser difundidas em muitos meios, como a própria reconhece e ilustra:

> O que nunca foi um projecto de investigação ou uma investigação prática, continuou a ser representado como a teoria de investigação prática de Kubler-Ross. Esta pretensão, de uma teoria inválida e duvidosa, continua a ser ensinada e utilizada nos cuidados no fim de vida. A literatura de Kubler-Ross é ensinada pela América do Norte, nas ciências da saúde, na educação da pastoral clínica, nas humanidades, na psicologia e nos cursos de ciências sociais (Chaban, 2000: 327)[61].

Para Chaban, Kubler-Ross poderá de facto ter conduzido a sociedade a uma maior conciencialização acerca da morte. Contudo, "[...] do que

---

[61] Num estudo internacional efectuado em oitenta Escolas de Enfermagem e trinta e seis Faculdades de Medicina do Canadá e do Reino Unido sobre as tendências em matéria de educação acerca da morte, constatou-se que "A maioria das escolas de enfermagem e médicas que responderam ao inquérito incluía a educação para a morte numa abordagem integral, ao longo de todos os anos do curso. Apesar do recente criticismo ao modelo de Kubler-Ross a maioria dos programas escolares refere o uso daquele frequentemente " (cf. DOWNE-WAMBOLT, Barbara; TAMLYN, Debora, 1997: 177).

nos tornou mais conscientes foi do mecanicismo, do formalismo e da falsa definição de uma das mais profundas experiências humanas" (Chaban, 2000: 348). Ainda na mesma linha, a crítica considera irónico no trabalho de Kübler-Ross o facto de "[...] as suas teorias sobre a morte e o morrer tornaram-se um meio pelo qual o doente, família e profissionais de saúde podem impôr uma falsa estrutura das experiências do morrer e desse modo negar e evitar a experiência da morte (Chaban, 2000: 348). Para Chaban, o facto de haver uma teoria que estabelece o processo de morrer por etapas e programada, só servirá para manipular o acto da morte. Simultaneamente, não ajudará a criar condições para lidar melhor com as questões que ela levanta. Digamos que, com este instrumento, que esquematiza as reacções emocionais do doente em fase terminal, apenas se consegue identificar "reacções" (e só algumas delas), ficando de fora um aprofundamento das relações humanas entre quem está no fim de vida e quem acompanha esse percurso. Ter-se-á encontrado uma forma de declarar a normalidade da "reacção", ficando de fora uma maior conciencialização do fim de vida.

Na óptica de Chaban, todo o impacto que teve Kübler-Ross deveu-se ao seu carisma e à sua reputação, produto dos *media* e também do afecto do público, alertando para que "[...] O carisma não pode ser a *terra firma* da tanatologia" (Chaban, 2000: 324).

Porém, toda a crítica ao trabalho de Kübler-Ross, apesar de legítima, pode em alguns aspectos cair por terra se considerarmos que a obra da autora tem acima de tudo um cariz profundamente pedagógico, descurando abordagens científicas em sentido mais estrito. Nesta perspectiva, as fases emocionais do doente em fase terminal deverão ser entendidas como um meio ainda actual de tentarmos entender melhor o modo de o ser humano se relacionar com as etapas que sabe serem as finais da sua vida, e não como estabelecendo o comportamento paradigmático de quem está a morrer.

Em síntese, as críticas a Kübler-Ross, nomeadamente as negativas, incidem sobretudo nos aspectos científicos do seu trabalho. Certo é que a própria autora nunca respondeu às críticas ou tentou defender-se delas. Poder-se-á pensar que Kübler-Ross, com esta atitude, tenta uma fuga por não conseguir contra-argumentar, ou apresenta uma faceta de indiferença face à crítica de que é alvo, não estando no seu horizonte de preocupações refutar qualquer comentário crítico. Esta última postura é, sem dúvida, a hipótese mais plausível, por ser aquela que me parece coadu-

nar-se mais adequadamente ao pensamento da autora. De facto, Kübler-
-Ross afirma que:

> Muitas pessoas que não entendem o que estamos a fazer dizem que somos
> malucos, psicóticos, que perdemos a noção da realidade, e atribuem-nos
> alguns rótulos engraçados. [...] Tenho um poster no meu escritório que diz,
> "Para evitar a crítica: não digas nada, não faças nada, não sejas nada". Esta é
> uma alternativa que as pessoas podem escolher (Kübler-Ross, 1999: 109).

Conclusão

Torna-se pertinente, nesta fase do trabalho, apresentar algumas conclusões que a obra de Kübler-Ross sugere e, simultaneamente, lançar algumas sugestões que me parecem apropriadas no que diz respeito a esta temática.

Ao longo deste ensaio, ficou patente que a morte, e mais concretamente os que estão a morrer e seus familiares mais próximos, são alvo de uma atenção privilegiada por parte de Kübler-Ross. Efectivamente, no decurso da sua obra verifica-se uma preocupação constante pelo doente em fase terminal e, simultaneamente, pela família e amigos (cf. Kübler-Ross, 1969; Kübler-Ross, 1974; Kübler-Ross, 1983).

Logo numa primeira abordagem, chego à conclusão de que Kübler-Ross foi uma legítima defensora da "queda do muro" da morte que a sociedade, mesmo a actual, ainda coloca à frente de qualquer pessoa. O escamoteamento da morte na vida social, o lugar escondido que lhe está reservado, conduziu à situação actual de a pessoa não conseguir lidar de uma forma "natural" com o fim de vida. Como nos afirma Laura Santos a este propósito:

> Esconder o sofrimento, o morrer e a morte não é algo saudável para uma sociedade. [...] Dificilmente uma sociedade que ostraciza a ideia da morte aprende a cuidar e respeitar as suas pessoas idosas ou a entender e respeitar a dor do luto sentida por alguém que perdeu uma pessoa amiga ou familiar (Santos, 2003: 26).

EDUCAR PARA A MORTE

Ora, Kübler-Ross lutou com veemência contra este problema social, e ao longo da sua obra, encontra-se bem patente o alerta para uma maior consciencialização social da morte. Apontando apenas os seminários *On Death and Dying* e os *workshops* que realizou, temos já dois exemplos claros de contributos para a consciencialização da morte ao nível social. Como nos indica Schaup, "No âmbito da saúde e da vida de muitas pessoas, mudou muita coisa, graças a uma médica corajosa que atribuiu nome a uma carência da qual a nossa sociedade está doente" (Schaup, 1997: 10-11).

O grande mérito de Kübler-Ross foi romper com a conspiração de silêncio em redor da morte, que estava instalada no meio social em geral e no seio dos profissionais de saúde em particular. Para ela, qualquer aspecto importante da vida das pessoas deveria ser objecto de atenção e discussão, quer se tratasse do nascimento, da doença ou da morte. Só desse modo seria mais fácil, ou menos penoso, lidar com muitos dos problemas que as pessoas apresentam quando perdem alguém ou são víti-mas de doença mortal, sendo encarados como fazendo parte integrante da vida.

Desde os tempos da sua infância, passando pela sua formação médica e, com mais evidência, a partir dos anos sessenta, em que passou pelo *Billings Hospital* dirigindo os seminários *On Death and Dying*, Kübler-Ross encetou um percurso de vida orientado para as questões da morte, mais propriamente para o aproximar e acompanhar os que estão na fase final da vida. Na sua actuação, deparamos com uma nota constante: ir ao encontro de quem está a morrer, actuando aí da forma mais empática possível. É esta atitude fundamental que a leva a não se esquecer da famí-lia do doente ou da especificidade da morte nas crianças, tentando tam-bém dar o seu contributo humanitário aos doentes com SIDA. Foi esta ideia fundamental de não nos deixarmos vencer pelo medo da morte, qualquer que seja a forma de que ela se revista, muito menos, abandonar-mos quem está a morrer, que levou Kübler-Ross a actuar em diversas áreas do morrer, tentando colmatar o défice educacional acerca da morte nas nossas sociedades.

Apesar de algumas das suas conclusões não obedecerem a todos os ditames das regras científicas, como se verificou no capítulo 3, a sua obra criou condições para que outros se apercebessem dos problemas existen-tes no campo tanatológico e, simultaneamente, também contribuiu para um maior "empowerment" do doente em fase terminal, doente esse, que

CONCLUSÃO

nos seus escritos, constitui o núcleo central da sua atenção. Por outras palavras, poder-se-á afirmar que a obra de Kübler-Ross ajudou o doente em fase terminal a ganhar uma maior credibilidade junto da sociedade e a adquirir um novo estatuto junto dos profissionais de saúde.

Ao chamar a atenção para os grandes problemas que estavam presentes nos cuidados ao doente em fase terminal, Kübler-Ross denunciou a desumanização destes cuidados e afirmou que a pessoa no fim de vida mantém toda a sua dignidade, podendo nós aprender muito com ela se nos abeirarmos do seu leito e a acompanharmos até ao fim.

É aqui, neste acompanhamento, que Kübler-Ross pretende sensibilizar os profissionais de saúde em particular, e a sociedade em geral, para as necessidades especiais do doente no fim de vida. Neste sentido, a autora tenta, como já referi anteriormente, através da sua obra, quebrar o silêncio social sobre a morte, recorrendo aos doentes em fase terminal, às suas histórias de vida, tentando sensibilizar a sociedade para os seus problemas mais prementes. Contudo, Kübler-Ross não esqueceu uma outra faceta importante, intimamente relacionada com o doente em fase terminal, ou seja, as necessidades de acompanhamento da família e amigos.

Digamos que há em Kübler-Ross uma tripla frente de combate para quebrar o tabu da morte e reintroduzir o tema no discurso social:

- denúncia do estado de negação social da morte;
- sensibilização para as necessidades do doente em fase terminal;
- sensibilização para as necessidades dos familiares e amigos do doente em fase terminal.

Para além disto, Kübler-Ross, através dos seminários que orientou, dos *workshops* que realizou e das múltiplas palestras que proferiu, foi divulgando estas ideias, contribuindo para uma visão mais humanizadora do doente em fase terminal e, simultaneamente, para uma dinamização dos cuidados de saúde no fim de vida, através do nascimento de unidades de cuidados paliativos.

Dennis Klass, professor de Estudos Religiosos na Universidade de Webster, St. Louis, Missouri, e ex-assistente de Kübler-Ross nos seminários *On Death and Dying*, na Universidade de Chicago, apoia esta ideia ao afirmar que:

Os cinco estádios de que fala Kübler-Ross no seu primeiro livro, em que adverte para a necessidade de ouvirmos os que estão a morrer – cujas experiências de vida podem ser de grande utilidade para a sociedade actual, negadora da morte –, foi claramente um factor de motivação para a fundação de muitos hospitais de retaguarda, e para o estabelecimento de programas de apoio a moribundos e aos seus familiares e amigos (Klass, 2004: 316).

Segundo a perspectiva da Organização Mundial de Saúde, "O objectivo do tratamento paliativo é alcançar a melhor qualidade de vida possível para o doente e sua família" (Ashby, 2004: 153) "[...] que enfrentam problemas decorrentes de uma doença incurável, através da prevenção e alívio do sofrimento, com recurso à identificação precoce e avaliação rigorosa, tratamento da dor e de outros problemas – físicos, psicossociais e espirituais." (OMS, 2007:3). Nesta perspectiva, constata-se que o trabalho de Kübler-Ross foi impulsionador do desenvolvimento dos cuidados paliativos, especialmente nos Estados Unidos da América. A própria autora corrobora a ideia ao referir que

> Nos Estados Unidos, o Hospício de New Haven em Connecticut foi o primeiro a abrir as portas para um programa de cuidados em casa de modo a fornecer cuidados totais à pessoa cuja cura, os tratamentos activos e o prolongamento da vida já não são uma meta a atingir. Desde a abertura do Hospício em New Haven, tornamo-nos colaboradores e impulsionadores no nascimento de mais de 55 unidades nos Estados Unidos [...] (Kübler-Ross, 1978: 137).

Posso afirmar, numa última e resumida análise, que Kübler-Ross foi pioneira porque procurou, de variadas formas, introduzir socialmente a educação para a morte, que considero uma faceta da educação para a saúde. Com o trabalho de Kubler-Ross, a educação para a morte tornou-se relevante para a pessoa no fim de vida, para o cuidador e para os profissionais de saúde (cf. Corr, Nabe e Corr, 1994: 460).

Chega-se assim à conclusão de que todo o seu percurso tende a criar condições para que a morte e os que estão na fase final da vida sejam objecto de discussão, atenção e, acima de tudo, sejam verdadeiramente incorporados na vida social. Pretende a autora gerar uma sociedade mais saudável que não rejeite a morte mas que a veja como uma parte da vida. O contacto com experiências de morte e a inclusão e discussão da morte desde que se é criança contribuirá para a encarar como fazendo parte

CONCLUSÃO

integrante da vida e ajudará com certeza no crescimento e maturação da pessoa (cf. Kübler-Ross, 1969: 20). Como nos refere Barros de Oliveira a este propósito:

> Se é natural morrer, porque não há-de ser natural educar sobre e para a morte, falar da morte, própria e alheia, e ensinar (e aprender) a bem viver e a bem morrer? Não será possível uma pedagogia da morte, que poderíamos denominar educação tanatológica? A resposta é que não apenas tal educação é possível mas também necessária para uma educação integral. Não educar para a morte é praticar uma educação parcial e mentirosa (Barros de Oliveira, 1998: 22).

Neste sentido, penso que, depois destas ideias conclusivas, será importante apresentar algumas sugestões sobre a educação para a morte que poderão abrir alguns horizontes relativamente a Portugal.

Dentro das estratégias que julgo devem ser implementadas, a mais urgente seria a da introdução da temática da morte nos *curricula* escolares, como matéria transversal, desde o primeiro ciclo. Em Portugal, e no que diz respeito ao 1º ciclo do Ensino Básico, não consta dos manuais a temática do morrer ou da morte. À semelhança do resto da sociedade, também a morte e o morrer constituem um assunto tabu na educação (cf. Herrán, 2000: 11). Esta medida iria necessariamente ajudar à integração da morte desde tenra idade e, à semelhança da introdução de assuntos relativos à educação para a sexualidade, educação ambiental, educação alimentar, entre outros, a educação para a morte é uma matéria que deveria ser incontornável no quadro educativo desde os primeiros anos de escolaridade. Esta ideia não é original, já que, noutros países, como é o caso dos Estados Unidos da América (pioneiros desde a década de sessenta do século passado), Israel, Canadá e Austrália, têm experiências da introdução da temática da morte no currículo escolar (cf. Clark, 2004: 192).

Julgo que há, também, uma imperiosa necessidade de aumentar o número de horas de formação acerca da morte e do morrer nos *curricula* dos profissionais de saúde. Infelizmente, ainda se trata de uma área carenciada na formação pré-graduada (cf. Sapeta, 2003: 25). Já em 2003, uma recomendação do Conselho da Europa alertava para a necessidade urgente de formação dos profissionais de saúde na área dos cuidados paliativos (cf. Conselho da Europa, 2003:14). Nos últimos anos tem aumentado a oferta formativa pós-graduada relativa aos cuidados paliativos (cf. Marques *et al*, 2009: 34) porém, ainda é escassa a oferta para as reais necessidades de formação de profissionais especializados neste campo, e a carência de programas educacionais nesta área é, sem sombra de dúvida, uma das barreiras mais frequente ao desenvolvimento dos cuidados paliativos (cf. Lynch, 2010: 814). Por outro lado, só em Outubro de 2010 é que a Ordem dos Médicos reconheceu a competência em Medicina Paliativa, ao passo que a Ordem dos Enfermeiros ainda não manifestou qualquer posição oficial sobre esta matéria[62]. Estes factos, em nada contribuem para um real desenvolvimento dos cuidados paliativos no país.

Ainda na mesma linha de reflexão, e no que respeita à formação, verifica-se que esta se encontra direccionada para os cuidados paliativos e não temos no panorama nacional cursos de curta duração ou pós-graduações acerca do morrer e da morte (cursos de tanatologia). Penso que à semelhança de outros países, nomeadamente anglo-americanos, a oferta de formação tanatológica seria um contributo importante para os profissionais de saúde que não estão a desempenhar funções em cuidados paliativos, mas pretendem desenvolver competências neste âmbito.

Esta proposta também seria extensível ao público em geral, com a criação de cursos de curta duração para adultos acerca da morte e do morrer. Creio que, através desta formação, muitas pessoas poderiam ser ajudadas a integrar a morte na vida e a diminuir o medo e a fuga ao assunto. Simultaneamente, estes momentos formativos, onde, por exemplo, seriam discutidos temas como a eutanásia, o sucídio assistido, as directivas antecipadas, entre outros, constituiriam uma oportunidade para o cidadão reflectir sobre as temáticas do fim de vida, e como nos afirma Laura Santos a propósito do Testamento Vital (temática muito recentemente discutida na sociedade portuguesa), seriam momentos importantes para tornar os cidadãos menos vulneráveis:

> De facto, a meu ver, tornar os cidadãos mais "reflexivos" (cf. Ulrich, 1999: 80) em relação às questões do morrer e da morte, tornando-os assim também

---

[62] A Associação Portuguesa de Cuidados Paliativos solicitou à Ordem dos Médicos a criação da competência em Medicina Paliativa. Em 19/10/2010 o Conselho Nacional Executivo da Ordem aprovou a competência nesta área (cf. http://www.apcp.com.pt/uploads/omedicos_aprovacao.pdf – último acesso Fevereiro de 2011).

CONCLUSÃO

mais conscientes dos direitos e das escolhas que podem ter em fim de vida, é uma forma de aumentar o seu "empowerment" ou "capacitação" (Santos, 2011: 30)

Uma outra medida importante passaria pelo incentivo à formação de grupos de voluntariado dispostos a acompanharem doentes em fase terminal. Seria um modo interessante de aproximar as pessoas do processo de morte, ajudaria na identificação das necessidades dos doentes e, acima de tudo, quebraria o silêncio que circunda a morte[63].

Um outro ponto que é fundamental é o aumento da oferta e da acessibilidade do cidadão aos cuidados em fim de vida, nomeadamente aos cuidados paliativos (cf. Lukas, *et al*, 2010: 23). Em Portugal, ainda estamos muito atrasados nesta área comparativamente com a maioria dos países europeus (cf. Centeno *et al*, 2007a; Centeno, *et al*, 2007b; Capelas, 2009)[64]. A meu ver, há essencialmente três vectores causadores deste atraso. Em primeiro lugar, o estado deficitário desta área da saúde é um reflexo de uma sociedade que nega a morte. Em segundo, houve e continua a haver uma clara falta de vontade política para a criação de unidades de cuidados paliativos (unidades de internamento e unidades de apoio domiciliário). Por último, há uma manifesta falta de autonomia dos cuidados paliativos, como se explicitará a seguir. Constata-se deste modo que estes três vectores confluem todos para o mesmo fim: falta gritante deste tipo de cuidados.

Vejamos. Em Portugal, os cuidados paliativos fazem parte da tipologia da Rede Nacional de Cuidados Continuados Integrados (cf. Decreto-lei

---

[63] A Associação Portuguesa de Cuidados Paliativos tem, desde 2007, desenvolvido Cursos Básicos de Cuidados Paliativos para Voluntários (ver http://www.apcp.com).

[64] Em Portugal e segundo o documento da Unidade de Missão para os Cuidados Continuados Integrados, "[...] o número de unidades de internamento pertencentes à RNCCI (Rede Nacional de Cuidados Continuados Integrados) eram de cerca de 15 enquanto o número de equipas prestadoras de cuidados paliativos, subdivididas em Equipas Intra-hospitalares de Suporte em Cuidados Paliativos (EIHSCP) e Equipas de Cuidados Continuados Integrados (ECCI) com formação em cuidados paliativos, correspondiam, a 15 e 40 equipas respectivamente, em Agosto de 2010" (UMCCI, 2010a:20). Há alguma discrepância relativamente aos números apresentados no *site* da Associação Portuguesa de Cuidados Paliativos (http://www.apcp.com) que sinaliza apenas 19 unidades: 7 Equipas Intra-hospitalares de Suporte em Cuidados Paliativos, 3 Equipas de Cuidados Continuados Integrado e 9 unidades de internamento de cuidados paliativos (último acesso em Fevereiro de 2011).

nº101/2006 de 6 de Junho). Este tipo de filosofia política de "encaixar" os cuidados paliativos nos cuidados continuados foi e continua a ser, a meu ver, nefasta para o desenvolvimento dos cuidados paliativos e até para a divulgação à sociedade da sua existência (um estudo da Associação Portuguesa de Cuidados Paliativos em 2008, revelou que só 38% dos portugueses sabiam o que eram cuidados paliativos (cf. http://www.apcp.com.pt/uploads/os_cuidados_paliativos_em_portugal.pdf – último acesso em Fevereiro de 2011). Em Setembro de 2010, ocorreram duas iniciativas legislativas de dois partidos políticos (por sinal de duas famílias políticas opostas), no sentido de autonomizar os cuidados paliativos, mantendo-os integrados no Serviço Nacional de Saúde, mas dotando-os de maior independência, especialmente dos Cuidados Continuados Integrados. Estas propostas foram "chumbadas" na Assembleia da República, permanecendo o mesmo esquema de inclusão destes cuidados na Rede de Cuidados Continuados Integrados[65]. Ora, a meu ver, os cuidados paliativos são cuidados específicos que não se coadunam com esquemas profundamente burocratizados (como, por exemplo, referenciações administrativas e longos tempo de espera para internamento ou para se ter acesso aos cuidados, procedimentos habituais nos cuidados continuados integrados). Por outro lado, também penso que os "cuidados paliativos" não se devem confundir com "atitudes paliativas", para as quais todo o profissional de saúde deveria estar preparado. Na minha perspectiva, os cuidados paliativos requerem formação específica e equipas multidisciplinares que estão presentes para cuidar até ao fim, e não somente para aliviar a dor em *part-time*. Portanto, julgo que educar para a morte passará também por uma dinâmica mais autónoma e especializada dos cuidados à pessoa no fim de vida[66].

---

[65] Para uma leitura mais aprofundada do que já foi feito na Rede de Cuidados Continuados Integrados relativamente aos cuidados paliativos ver UMCCI (2010b). *Resumo de actividades realizadas pela UMCCI na área dos Cuidados Paliativos a 31/08/2010*. Lisboa: UMCCI (http://www.umcci.min-saude.pt/SiteCollectionDocuments/resumo_actividades_UMCCI _Cuidados_Paliativos.pdf – último acesso Fevereiro 2011).

[66] Recentemente, a Unidade de Missão para os Cuidados Continuados Integrados lançou um documento intitulado "Estratégia para o Desenvolvimento do Programa Nacional de Cuidados Paliativos 2011-2013" em que lança um conjunto de metas a serem concretizadas nos próximos três anos para a implementação do revisto Programa Nacional de Cuidados Paliativos 2010 (cf. http://www.umcci.min-saude.pt/SiteCollectionDocuments/cuidadospaliativos_1-1-2011.pdf – útimo acesso Fevereiro de 2011).

Por último, penso que seria importante, e apropriando-me da ideia de uma outra autora, a instituição de um Observatório Nacional sobre o Fim de Vida (cf. Santos, 2009: 298-301). Este observatório poderia sistematizar o "estado da arte" nos cuidados de fim de vida, servindo de referência para ditar as melhores práticas nesta matéria e responder a questões como:

> Como se morre em Portugal, nos hospitais, nos IPOs, nos lares, em casa? Que acompanhamento, clínico e humano é providenciado nessas alturas? Que conhecimento têm os doentes e o pessoal dos direitos e deveres que cabem uns aos outros? [...] Que medidas são tomadas para minorar essa dor e/ou sofrimento? Que direito tem de facto a pessoa doente de recusar tratamentos? [...] Como está o controlo da dor no país? [...] (Santos, 2009:298)

Em suma, deve-se envidar todos os esforços para que a educação para a morte constitua uma realidade. Todas as medidas tomadas neste sentido constituirão uma mais valia na saúde individual e colectiva, pois, "No fim de contas, todos andamos mortos de medo da morte e é necessário encarar de frente a realidade através duma verdadeira educação tanatológica que exige preparação e planificação" (Barros de Oliveira, 1998: 150).

Fica patente um desafio, a todos, no sentido de desenvolvermos medidas para que a educação para a morte constitua uma realidade e não apenas uma retórica de alguns ou simples mera intenção de outros. Quanto mais depressa forem criadas condições para que uma efectiva educação para a morte possa ocorrer, penso que mais facilmente encararemos o fim de vida com alguma "naturalidade". Provavelmente, muitos dos problemas de saúde resultantes da não aceitação da morte, da não aceitação do fim de vida de alguém ou da própria pessoa, diminuirão ao encarar-se a morte como um facto inevitável na vida de qualquer pessoa. Paralelamente, ocorrerá uma maior consciencialização social para os problemas patentes no fim de vida.

Nas palavras de Kübler-Ross,

> É difícil morrer, sempre será, mesmo quando aprendemos a aceitar a morte como parte integrante da vida [...]. Mas se aprendermos a ver a morte numa perspectiva diferente, reintroduzi-la nas nossas vidas de modo que não se torne uma temerosa estranha mas uma companheira expectável, então podemos aprender a viver com significado – com total reconhecimento da nossa finitude e do limite do nosso tempo (Kübler-Ross, 1975: 6).

REFERÊNCIAS BIBLIOGRÁFICAS

ABEL, Francesc (2001). "Distanásia". In LEONE, Salvino; PRIVITERA, Salvatore; CUNHA, Jorge T. (org.) *Dicionário de Bioética*. V.N. Gaia / S.Paulo: Editorial Perpétuo Socorro / Editora Santuário, 314-317.

ANTUNES, João Lobo (2002)."Dignidade". In Id. *Memória de Nova Iorque e outros ensaios*. Lisboa: Gradiva, 178--191.

ARIÈS, Philippe (1988). "A morte invertida". In Id. *O homem perante a morte – II*. Trad. de Ana Rabaça. Mem Martins: Publicações Europa-América, 309-358.

ARIÈS, Philippe (1989). *Sobre a história da morte no ocidente desde a idade média.*2º ed. Trad. de Pedro Jordão. Lisboa: Teorema, 137-190.

ASHBY, Michael (2004). "Cuidados paliativos". In HOWARTH, Glennys; LEAMAN, Oliver. *Enciclopédia da morte e da arte de morrer*. Trad. Rio de Mouro: Círculo de Leitores, 153-155.

ASTUDILLO, Wilson; MENDINUETA, Carmen (2002). "El síndrome del agotamiento en los cuidados paliativos". In ASTUDILLO, Wilson; MENDINUETA, Carmen; ASTUDILLO, Edgar (org.). *Cuidados del enfermo en fase terminal y atención a su família*. 4ª ed. corrig. e aum. Pamplona: EUNSA, 381-386.

ASTUDILLO, Wilson; MENDINUETA, Carmen; ASTUDILLO, Edgar (2002). "La asistencia a la familia ante una muerte esperada". In ASTUDILLO, Wilson; MENDINUETA, Carmen; ASTUDILLO, Edgar (org.). *Cuidados del enfermo en fase terminal y atención a su família*. 4ª ed. corrig. e aum. Pamplona: EUNSA, 515-526.

BAPTISTA, Inês Barros *et al* (2010). *Morrer é só não ser visto*. 5ªed. Lisboa: Planeta Manuscrito.

BARBOSA, António (2003). "Pensar a morte nos cuidados de saúde". *Análise Social*, vol. XXXVIII, nº 166, Primavera, 35-49.

BARROS DE OLIVEIRA, José H. (1998). *Viver a morte – abordagem antropológica e psicológica*. Coimbra: Livraria Almedina.

BARÓN, M. Gónzalez; JALÓN, J. J.; FELIU, J. (1996). "Definición del enfermo terminal e preterminal". In AA.VV. *Tratado de medicina paliativa y tratamiento de soporte en el enfermo com câncer*. Madrid: Editorial Médica Panamericana, 1084-1100.

BURNELL; George M. (1993). *Final choices: to live or to die in an age of medical techonology*. New York: Plenum Press.

BOURGEOIS, Marc-Louis (2003). "Prévention et traitements". In Id. *Deuil normal, deuil pathologique – clinique et psychopathologie*. Reuil – Malmaison: Doin Éditeurs, 111-118.

BOWLBY, John (1998)."O luto das crianças". In Id. *Apego e perda: tristeza e depressão*. 2ª ed. Trad. de Valtensir Dutra. S. Paulo: Martins Fontes Editora, 277--325.

CABODEVILLA, Iosu (1999). "El modelo fásico del morir según la doctora Elisabeth Kübler-Ross y la relación de ayuda". In Id. *Vivir y morir conscientemente*. Bilbao: Editorial Desclée de Brouwer, 85-101.

CAPELAS, Manuel Luís Vila (2009). "Cuidados Paliativos: Uma Proposta para Portugal". *Cadernos de Saúde*, vol. 2, nº 1, 51-57.

CASTRO, Dana (2000). *La mort pour de faux et la mort pour de vrai*. Paris: Albin Michel.

CENTENO, Carlos *et al* (2007a). "Facts and indicators on palliative care development in 52 countries of the WHO European Region: results of an EAPC task force". *Palliative Medicine*, vol. 21, nº 6, 463-471.

CENTENO, Carlos *et al* (2007b). *Atlas of Palliative Care in Europe*. Milão: European Association for Palliative Care

CHABAN, Michèle Catherine Gantois (2000). *The life work of Dr. Elisabeth Kübler-Ross and its impact on the death awareness movement*. Symposium series. New York / Ontario: Edwin Mellen Press.

CLARK, Valerie (2004). "Educação". In HOWARTH, Glennys; LEAMAN, Oliver (org.). *Enciclopédia da morte e da arte de morrer*. Rio de Mouro: Círculo de Leitores, 192-195.

CONSELHO DA EUROPA (2003). *Recommendation Rec 2003) 24 of the Committee of Ministers to member states on the organisation of palliative care, 2003*. [www.coe.int/t/dg3/health/Source/R

ec(2003)24_en.pdf – ultimo acesso Fevereiro 2011].

CORR, Charles A. (1993). "Coping with dying: lessons that we should and should not learn from the work of Elisabeth Kübler-Ross". *Death Studies*, 17, 69-83.

CORR, Charles A.; NABE, Clyde M.; CORR, Donna M. (1994). *Death and dying, life and living*. California: Brooks / Cole Publishing Company.

CORR, Charles, A. (2004). "Teoria desenvolvimentista do processo terminal". In HOWARTH, Glennys; LEAMAN, Oliver (org.). *Enciclopédia da morte e da arte de morrer*. Rio de Mouro: Círculo de Leitores, 489-491.

CUNHA, Vanessa (1999). "A morte do outro: mudança e diversidade nas atitudes face à morte". *Sociologia, Problemas e Práticas*, nº 31, 103-128.

DECRETO-LEI Nº 101/2006 de 6 de Junho. DR 109, Série I-A – 3856-3865 – Cria a Rede Nacional de Cuidados Continuados Integrados.

DOWNE-WAMBOLT, Barbara; TAMLYN, Debora (1997). An International survey of death education trends in faculties of nursing and medicine. *Death Studies*, vol. 21, nº 2, 177--188.

EDWARDS, Paul (1999). "As fantasias da Dra. Kübler-Ross". In Id., *Reencarnação – um exame crítico*. Venda Nova: Bertrand Editora, 229-273.

ELIAS, Nobert (2002). *La solitude des mourants*. Trad. de Sibylle Muller. Paris: Christian Bourgois éditeur.

GAFO, Javier (2003). "La eutanasia y la muerte digna". In Id., *Bioética teológica*. Madrid: Universidad Pontificia Comillas / Editorial Desclée Brouwer, 257-287.

GILL, Derek (1980). *Quest: the life of Elisabeth Kübler-Ross*. New York: Harper & Row.

GOLDHAGEN, Daniel Jonah (1999). "Vida nos campos de «trabalho»". In Id. *Os carrascos voluntários de Hitler*. Lisboa: Editorial Notícias, 454-491.

HEEGAARD, Marge (1998). *Quando alguém muito especial morre: as crianças podem aprender a lidar com a tristeza*. Trad. de Maria Adriana Veríssimo Veronese. Porto Alegre: ArtMed.

HENNEZEL, Marie de (1997). *Diálogo com a morte*. Pref. de François Mitterand. 2ª ed. Trad. de José Carlos González. Lisboa: Editorial Notícias.

HENNEZEL, Marie de (2005)."Permitir a morte". In HOUZIAUX, Alain (dir.); SPONVILLE-COMTE, André; HENNEZEL, Marie; KAHN, Axel. *Deve a eutanásia ser legalizada?* Trad. António Rebordão Navarro. Porto: Campo das Letras, 49-64.

HENNEZEL, Marie de (2006). *Morrer de Olhos Abertos*. Trad. José Augusto Pereira Neto. Cruz Quebrada: Casa das Letras.

HENDIN, Herbert (1998). "Caring beyond cure". In Id. *Seduced by death: doctors, patients, and the dutch cure*. Rev. and updated. New York/London: W.W. Norton & Company, 229-256.

HERRÁN, Agustín *et al* (2000). *Todos los caracoles se mueren siempre?*. Madrid: Ediciones de la Torre.

ILLICH, Ivan (1977). "A morte escamoteada". In Id. *Limites para a medicina*. Trad. Eduardo Moradas Ferreira. Lisboa: Livraria Sá da Costa editora, 163--195.

JONSEN, Albert; SIEGLER, Mark; WINSLADE, William J. (1998). "Indications for medical intervention". In Id. *Clinical ethics: a practical approach to ethical decisions on clinical medicine*. 4ª ed. New York: McGraw-Hill, 13-45.

KASTENBAUM, Robert; AISENBERG, Ruth (1983). "O contexto cultural da morte". In Id. *Psicologia da morte*. Ed.

concisa. Trad. de Adelaide Petters Lessa. S. Paulo: Livraria Pioneira Editora / Editora da Universidade de S. Paulo, 165-214.

KLASS, Dennis (2004). "Kübler-Ross, Elisabeth". In HOWARTH, Glennys; LEAMAN, Oliver (org.). *Enciclopédia da morte e da arte de morrer*. Trad. Rio de Mouro: Círculo de Leitores, 316-317.

KOVÁCS, Maria Júlia (2008). *Educação para a Morte: desafio na formação de profissionais de saúde e educação*. 2ªed. S. Paulo: Casa do Psicólogo.

KÜBLER-ROSS, *Elisabeth (1969). On death and dying [ed. ut.: On death and dying. New York: Touchstone, 1997; Há uma tradução em português:* KÜBLER-ROSS, *Elisabeth (2008). Acolher a Morte*. Trad. Pedro Soares. Cruz Quebrada: Estrela Polar].

KÜBLER-ROSS, Elisabeth (1974). *Questions and answers on death and dying* [ed. ut.: *Questions and answers on death and dying*. New York: Touchstone, 1997].

KÜBLER-ROSS, Elisabeth (1975). *Death: the final stage of growth*. [ed. ut.: *Death: the final stage of growth*. New York: Touchstone, 1986. Embora esta obra apareça como sendo da autoria de Kübler-Ross, apenas o prefácio e um artigo, intitulado "Death as part of my own personal life" (119-126), são escritos pela autora].

KÜBLER-ROSS, Elisabeth (1978). *To live until we say good-bye*. New Jersey: Prentice-Hall.

KÜBLER-ROSS, Elisabeth (1981). *Living with death and dying*. [ed. ut. *Living with death and dying*. New York: Touchstone, 1997. Embora esta obra apareça como sendo da autoria de Kübler--Ross, apenas o capítulo I e IV são escritos por ela].

KÜBLER-ROSS, Elisabeth (1982). *Working it through*. [ed.ut. *Working it through*. New York: Touchstone, 1997].

KÜBLER-ROSS, Elisabeth (1982). *Remember the secret*. [ed. ut.*: Remember the secret*. Berkeley: Tricycle Press, 1998].

KÜBLER-ROSS, Elisabeth (1983). *On children and death*. [ed. ut.: *On children and death*. New York: Touchstone, 1997].

KÜBLER-ROSS, Elisabeth (1987). *AIDS: the ultimate challenge*. [ed. ut.: *AIDS: the ultimate challenge*. New York: Touchstone, 1997; Há uma tradução em português: KÜBLER-ROSS, Elisabeth (1989). *SIDA: o desafio final*. Trad. Marilena P. C. Rua. Lisboa: Difusão Cultural].

KÜBLER-ROSS, Elisabeth (1991). *On life after death*. Berkeley: Celestial Arts. [Este livro, para além de outros conteúdos, contém as transcrições de duas conferências proferidas pela autora: uma conferência na Suíça (1982) e outra em San Diego (1977)].

KÜBLER-ROSS, Elisabeth (1995). *Morir es de vital importancia*. Barcelona: Luciérnaga Ediciones [Este livro é a transcrição da conferência proferida em Barcelona pela autora, em Novembro de 1992].

KÜBLER-ROSS, Elisabeth (1997). *The wheel of life: a memoir of living and dying*. New York: Touchstone. [Há uma tradução em português: KÜBLER-ROSS, Elisabeth (2008). *A Roda da Vida: memórias da vida e da morte*. Trad.Pedro Vidal. Cruz Quebrada: Estrela Polar].

KÜBLER-ROSS, Elisabeth (1999). *The tunnel and the light: essential insights on living and dying with a letter to a child with cancer*. New York: Marlowe & Company. [Este livro, para além de carta a Dougy, contém as transcrições de algumas conferências proferidas por Kübler-Ross: 1ª conferência em Estocolmo (1980); 2ª conferência em Estocolmo (1981); conferência em Washington (1982); conferência na Virginia (1985)].

KUCZEWSKI, Mark G. (2004). "Re-Reading on Death & Dying: what Elisabeth Kübler-Ross can Teach Clinical Bioethics". *The American Journal of Bioethics*, nº 4, vol. 4º, 18-23.

LEONE, Salvino (1997). "O doente terminal como problema bioético". In AA.VV, *Ética da vida. Vitalidade da ética*. Porto: UCP / GIB, 57-68.

LÓPEZ-IBOR, Juan José; ALONSO, Tomás Ortiz; ALCOCER, María Inés López--Ibor (1999)."Psicología del enfermo terminal". In Id., *Lecciones de psicología médica*. Barcelona: Masson, 589-597.

LUKAS, Radbruch *et al* (2009). "White Paper on Standards and Norms for Hospice and Palliative Care in Europe: part 1". *European Journal of Palliative Care*, vol. 16, nº6, 278-289.

LUKAS, Radbruch *et al* (2009). "White Paper on Standards and Norms for Hospice and Palliative Care in Europe: part 2". *European Journal of Palliative Care*, vol.17, nº1, 22-33.

LYNCH, T. et al (2010). "Barriers to the development of palliative care in Western Europe". *Palliative Medicine*, vol. 24, nº 8, 812-819.

MACEDO, João Carlos G.M.(2010). "A Morte Adiada". In CURADO, Manuel; OLIVEIRA, Nuno (Org.). *Pessoas Transparentes: questões actuais de bioética*. Coimbra: Almedina, 195-208.

MACEDO, Ermelinda F.D.C.; MACEDO, João Carlos G.M.; GOMES, Maria Filomena P.; PERES, Paula Cristina S. E. (2010). "Educar para a morte e a promoção da saúde mental". *Revista Portuguesa de Enfermagem de Saúde Mental*, nº3, 48-53.

MANUILA, L. *et al* (2000). "Leucemia". In *Dicionário médico*. Trad. de José Nunes de Almeida. Lisboa: Climepsi editores, 357-358.

MANUILA, L. *et al* (2000). "Tenda de oxigénio". In *Dicionário médico*. Trad. de

José Nunes de Almeida. Lisboa: Climepsi editores, 582.

MARQUES, António Lourenço *et al* (2009). "O Desenvolvimento dos Cuidados Paliativos em Portugal". *Patient Care*, vol. 14, nº 152, 32-38.

MCINTYRE, Rosemary (1999). "Support for family and carers". In LUGTON, Jean; KINDLEN, Margaret (ed.). *Palliative care: the nursing role*. Edinburgh: Churchill Livingstone, 193-215.

MUNDY, Michaelene (2001). *Estar triste não é mau – um guia para crianças que sofrem com a perda de alguém*. Trad. de Maria do Rosário Pernas. Lisboa: Instituto Missionário Filhas de São Paulo.

NULAND, Sherwin B. (1998). *Cómo morimos*. Trad. de Camilo Tomé. Madrid: Alianza Editorial, 300-351.

NADEAU, Janice Winchester (1998). "Looking the future". In Id. *Families making sense of death*. London / New Delhi: SAGE Publications, 230--247.

NETO, Isabel Galriça *et al* (2010). *Cuidados Paliativos (Testemunhos)*. Pref. Marcelo Rebelo de Sousa. Lisboa: Alêteia Editores.

NICHOLS, Gail; RICE, Robyn (2004). "O utente no hospital de retaguarda e os cuidados paliativos". In ROBYN, Rice. *Prática de enfermagem nos cuidados domiciliários. Conceitos e aplicação*. 3ª ed. Trad. de Humberto d'Abreu. Loures: Lusociência, 467-490.

OLIVEIRA, Abílio (1999). *O desafio da morte – convite a uma viagem interior*. Pref. de Daniel Sampaio. Lisboa: Editorial Notícias.

ORGANIZAÇÃO MUNDIAL DE SAÚDE (2007). Cancer control: Knowledge into action. Genebra: OMS.

PACHECO, Susana (2002). *Cuidar a pessoa em fase terminal: perspectiva ética*. Loures: Lusociência

PARKES, C. M. (1964). "Effects of bereavement on physical and mental health – A study of the case records of widows". *British Medical Journal*, 2, 274-279.

PAÚL, Constança; FONSECA, António M. (2001). "Sobre a morte e o morrer". In Id., *Psicossociologia da saúde*. Lisboa: Climepsi Editores, 129-138.

PEREIRA, Sandra Martins (2010). *Cuidados Paliativos: confrontar a morte*. Lisboa: Universidade Católica Editora.

PESSINI, Léo (2001). *Distanásia: até quando prolongar a vida?*. S. Paulo: Editora do Centro Universitário São Camilo / / Edições Loyola.

PROGRAMA NACIONAL DE CUIDADOS PALIATIVOS [http://www.portugal. gov.pt/pt/GC18/Documentos/MS/Programa_Nacional_Cuidados_Paliativos.pdf – último acesso Fevereiro 2011]

RANDO, Therese A. (1984). *Grief, dying and death*. Illinois: Research Press Company.

RYAN, Victoria (2004). *Quando um dos avós morre*. Trad. Mª Rosário Pernas. Prior Velhor: Paulinas Editora.

SAMAREL, Nelda (1995). "The dying process". In WASS, Hannelore; NEIMEYER, Robert A. (ed.). *Dying: facing the facts*. 3ª ed. Washington: Taylor & Francis, 89-116.

SANCHO, Marcos Gómez (1998). *Medicina paliativa. La respuesta a una necesidad*. Madrid: Arán Ediciones.

SANTOS, Laura Ferreira (2003). "Eutanásia: para poder amar a vida até ao fim?" *Interacções*, nº4, Abril, 25-58.

SANTOS, Laura Ferreira (2009). *Ajudas-me a morrer? A morte assistida na cultura ocidental do século XXI*. Lisboa: Sextante.

SANTOS, Laura Ferreira (2011). *Testamento Vital – O que é? Como elaborá-lo?*. Lisboa: Sextante

SAPETA, Ana Paula Gonçalves Antunes (2003). "Formação em enfermagem sobre cuidados paliativos e dor crónica". *Revista de Investigação em Enfermagem*, nº 7, Fevereiro, 24-35.

SCHAUP, Susanne (1997). *Elisabeth Kübler-Ross. Una vida para una buena muerte.* Trad. de Marina Widmer Caminal. Barcelona: Ediciones Martínez Roca.

SERRÃO, Daniel (1996). "Consentimento informado". In ARCHER, Luís; BISCAIA, Jorge; OSSWALD, Walter (coord.). *Bioética*. Lisboa: Editorial Verbo, 78-81.

SERRÃO, Daniel (1998). "Ética da atitudes médicas em relação com o processo de morrer". In SERRÃO, Daniel; NUNES, Rui (coord.). *Ética em cuidados de saúde*. Porto: Porto Editora, 83-92.

ST. CLAIR, Marisa (1999)."Os primeiros passos para a luz". In Id. *O mistério da morte – a experiência de quase – morte.* Trad. Nina Guerra e Filipe Guerra. Lisboa: Editorial Estampa, 29-43.

SUÁREZ, Elba Elena (1998). "El enfermo terminal". In Id. *Cuando la muerte se acerca.* Caracas: McGraw – Hill Interamericana, 17-37.

TAYLOR, Shelley E. (1995). "Psychological issues in advancing and terminal illness". In Id., *Health psychology.* 3ªed. New York: McGraw-Hill, 451-493.

THOMAS, Louis-Vincent (2003). *La mort.* 5ªed. Paris: PUF.

UMCCI (2010a). *Estratégia para o Desenvolvimento do Programa Nacional de Cuidados Paliativos.* Lisboa : UMCCI [http://www.umcci.min-saude.pt/SiteCollectionDocuments/cuidadospaliativos_1-1-2011.pdf – último acesso Fevereiro 2011].

UMCCI (2010b). *Resumo de actividades realizadas pela UMCCI na área dos Cuidados Paliativos a 31/08/2010.* Lisboa: UMCCI [http://www.umcci.min-saude.pt/SiteCollectionDocuments/resumo_actividades_UMCCI_Cuidados_Paliativos.pdf – último acesso Fevereiro 2011].

WASS, Hannelore (1995). "Death in the lives of children and adolescents". In WASS, Hannelore; NEIMEYER, Robert A. (ed.). *Dying: facing the facts.* 3ª ed. Washington: Taylor & Francis, 269-301.

WATSON, Max *et al* (2009). Oxford Handbook of Palliative Care. 2ª ed. Oxford//Nova Iorque: Oxford University Press.

SITES DA INTERNET:

http://www.ekrfoundation.org/ [Fundação Elisabeth Kübler-Ross]

http://www.salzgeber.de/press/pres-shefte/ekr_ph.pdf. [entrevista de Kübler-Ross acerca do documentário sobre a sua vida – último acesso Fevereiro 2011].

http://www.swissfilms.ch/de/film_searc h/filmdetails/-/id_film/1590288 777/search/5 [sobre o documentário *Elisabeth Kübler-Ross – facing death – último acesso Fevereiro 2011*].

http://www.anossaancora.org [associação que presta apoio a pais em luto].

http://www.portugal.gov.pt/pt/GC18/Do cumentos/MS/Programa_Nacional_C uidados_Paliativos.pdf [Programa Nacional de Cuidados Paliativos]

http://www.apcp.com [Associação Portuguesa de Cuidados Paliativos].

http://www.amara.pt [Associação pela Dignidade na Vida e na Morte].

http://www.apelo.web.pt/ [Associação de apoio à pessoa em luto].

ÍNDICE

PREFÁCIO	5
AGRADECIMENTOS	11
INTRODUÇÃO	15
CAPÍTULO 1: Itinerário bio-bibliográfico de Elizabeth Kübler-Ross	21
CAPÍTULO 2: Problemáticas do fim de vida	53
2.1. Os seminários sobre a morte e o morrer	53
2.1.1. As fases emocionais do doente em fase terminal	62
1ª fase: negação e isolamento	64
2ª fase: raiva	66
3ª fase: negociação	66
4ª fase: depressão	67
5ª fase: aceitação	68
2.1.2. O cunho da esperança	69
2.1.3. A família como alvo de atenção	73
2.1.4. As reacções ao seminário sobre a morte e o morrer	81
2.2. As crianças perante a morte	87
2.3. Sobre a vida, a morte e a "transição"	102
2.4. O desafio da SIDA	112
CAPÍTULO 3: As críticas ao trabalho de Kübler-Ross	123
CONCLUSÃO	135
REFERÊNCIAS BIBLIOGRÁFICAS	145
ÍNDICE	153